Kjærlighet:
Fullførelse av Loven

Kjærlighet:
Fullførelse av Loven

Dr. Jaerock Lee

 URIM BOOKS

Kjærlighet: Fullførelse av Loven av Dr.Jaerock Lee
Utgitt av Urim Bøkene (Representant: Johnny H. kim)
73, Yeouidaebang-ro 22-gil, Dongjak-gu, Seoul, Korea
www.urimbooks.com

ISBN: 979-11-263-0803-3 03230

Først Utgitt August 2021

Tidligere utgitt i Korea i 2009 av Urim Bøkene i Seoul, Korea.

Redigert av Dr. Geumsun Vin
Formgitt av Urim Bøkenes Redigerings Byrå
Trykket av Yewon Printing Company
For mer informasjon, vennligst ta kontakt med: urimbook@hotmail.com

"Kjærlighet gjør ikke noe dårlig mot en nabo;
Kjærlighet er derfor fullførelse av loven."

Romerne 13:10

Forord

Håp om at leserne kan oppnå det Nye Jerusalem gjennom den åndelige kjærligheten

Et averteringsfirma i England ga publikum en prøve og spurte dem om den hurtigste veien fra Edinburgh, Skottland til London, England. De ga en stor belønning til personen som hadde det svaret som de valgte. Svaret som de egentlig valgte var 'å reise med en av dine kjære'. Vi forstår at hvis vi reiser sammen med en som vi elsker, da vil til og med en lang reise virke kortere. På samme måte er det hvis vi elsker Gud. Da er det ikke vanskelig for oss å praktisere Hans Ord (1. Johannes 5:3). Gud har ikke gitt oss Loven og bedt oss om å holde ved Hans budskap for å gjøre det vanskelig for oss.

Ordet 'Loven' kommer ifra hebreernes ord 'Tora', som har meningen 'status', og 'lære'. Tora refererer vanligvis til Pentateuken som inkluderer de Ti Budskap. Men "Loven" refererer også til alle 66 bøkene i Bibelen, eller bare til reglene fra Gud som forteller oss hva vi skal gjøre, ikke gjøre, beholde, eller kaste bort. Folk vil kanskje tro at Loven og Kjærligheten ikke har noe med hverandre å gjøre, men de kan ikke bli skilt. Kjærligheten tilhører Gud, og uten kjærlighet for Gud kan vi ikke fullstendig holde oss til Loven. Loven kan bare bli fullført når vi holder oss til den gjennom kjærligheten.

Det finnes en fortelling som viser oss kjærlighetens makt. En ung mann krasjet når han fløy over ørkenen i et lite fly. Hans far var en veldig rik mann, og hyret så et firma for å søke etter hans sønn, men det var forgjeves. Så han spredde millioner med løpesedler rundt omkring i ørkenen. Det han skrev på løpesedlene var 'Sønn, jeg elsker deg.' Sønnen som vandret rundt omkring i ørkenen, fant et av arkene og fikk så ekstra mot til å overleve slik at han til slutt kunne bli reddet. Farens virkelige kjærlighet reddet sønnen. Akkurat som faren spredde løpesedlene over hele ørkenen, er det også vårt ansvar å spre Guds kjærlighet til mangfoldige sjeler.

Gud viste Hans kjærlighet ved å sende Hans eneste Sønn Jesus hit til jorden for å redde menneskene som var syndere. Men formalistene på Jesus tid fokuserte bare på Lovens formaliteter og de forstod ikke Guds virkelige kjærlighet. Til slutt fordømte de

Guds eneste Sønn, Jesus, som en Gudsbespotter som ikke fulgte Loven og Han ble derfor korsfestet. De forstod ikke Guds kjærlighet som var plantet inne i Loven.

I 1. Korinterne 13 de kapittelet ligger det et godt eksempel på 'åndelig kjærlighet'. Det forteller oss om Guds kjærlighet, Han som ga sin egen Sønn bare for å redde oss som ellers skulle ha dødd på grunn av våre synder, og Herrens kjærlighet som elsket oss så mye at Han ga all Hans himmelske ære og ga sitt liv på korset. Hvis også vi vil gi Guds kjærlighet til alle de døende sjelene her i verden, må vi forstå den åndelige kjærligheten og leve ifølge den.

"Et nytt budskap vil Jeg gi dere, at dere skal elske hverandre, akkurat som Jeg har elsket dere. Under dette vil alle mennesker vite at dere er Mine disipler, hvis dere har en slik kjærlighet for hverandre" (Johannes 13:34-35).

Denne boken har blitt utgitt slik at leserne kan sjekke hvor mye kultivert åndelig kjærlighet de har og hvor mye de har forandret seg gjennom sannheten. Jeg vil takke Geumsun Vin, direktøren for redigerings byrået og de ansatte, og jeg håper at leserne vil fullføre Loven med kjærlighet og vil til slutt ta til seg det Nye Jerusalem, det vakreste av de himmelske oppholdsstedene.

Jaerock Lee

Håp om at leserne gjennom Guds sannhet vil bli endret ved kultivering av den perfekte kjærligheten.

En TV kanal utførte en undersøkelse om gifte kvinner. Spørsmålet var om de ville ha giftet seg med den samme mannen hvis de kunne valgt på ny. Resultatet var sjokkerende. Bare 4% av kvinnene ville ha valgt den samme mannen. De må ha giftet seg med mannen deres fordi de elsket dem, så hvorfor hadde de forandret meningen deres? Det var fordi de ikke hadde hatt en åndelig kjærlighet. Denne Kjærligheten: Lovens Fullførelse vil undervise oss om den åndelige kjærligheten.

I Del 1 "Kjærlighetens Betydelse", vi vil kikke på forskjellige slags kjærligheter som kan bli funnet mellom mann og kone, foreldre og barn, og blant venner og naboer, og så gi oss ideer angående forskjellen mellom den kjødelige kjærligheten og den åndelige kjærligheten. Åndelig kjærlighet er å elske den andre personen med et uendrende hjerte som ikke forventer noe tilbake. Men på den annen side vil den kjødelige kjærligheten endre seg i forskjellige situasjoner og omstendigheter, og åndelig kjærlighet er av denne grunnen veldig vidunderlig og vakker.

XI

Del 2 "Kjærlighet akkurat som i Kjærlighets Kapittelet", deler 1. Korinterne 13 opp i tre deler. Den første delen, 'Kjærligheten som Gud Vil Ha' (1. Korinterne 13:1-3), er begynnelsen på kapittelet som gir trykk på hvor viktig den åndelige kjærligheten er. Den andre delen, 'Kjærlighetens Egenskap' (1. Korinterne 13:4-7), er hoveddelen av Kjærlighets Kapittelet, og den forteller oss om de 15 egenskapene til den åndelige kjærligheten. Den tredje delen, 'Den Perfekte Kjærligheten', er sammenslutningen av Kjærlighets Kapittelet, som forteller oss at vi må ha tro og håp midlertidig mens vi spaserer mot himmelens kongerike i løpet av vårt liv her på jorden, mens kjærlighet varer i all evighet selv i himmelens kongerike.

Del 3, 'Kjærlighet er Fullførelse av Loven', forklarer hva det menes med å fullføre Loven med kjærlighet. Det gir også Guds kjærlighet som kultiverer oss mennesker her på jorden og Kristus kjærlighet som åpnet veien imot frelse for oss.

'Kjærlighets Kapittelet' er bare et kapittel blant 1,189 kapitler i Bibelen. Men det er akkurat som et skattekart som viser oss hvor vi kan finne store mengder med skatter, for det forteller oss i detaljer om veien til det Nye Jerusalem. Selv om vi har kartet og vi kjenner til veien, har dette ingen betydning hvis vi ikke egentlig følger den veien som den gir oss. Det vil si at det ikke vil virke hvis vi ikke praktiserer åndelig kjærlighet.

Gud er tilfredsstilt med åndelig kjærlighet, og vi kan ha denne åndelige kjærligheten til den grad at vi hører og praktiserer Guds Ord som er selve Sannheten. Så fort vi får åndelig kjærlighet, da kan vi motta Guds kjærlighet og velsignelser, og til slutt komme inn til det Nye Jerusalem, det vakreste oppholdsstedet i Himmelen. Kjærlighet er den endelige grunnen til at Gud skapte menneskene og så kultiverte dem. Jeg ber at alle leserne vil elske Gud først og så elske deres naboer like mye som de elsker seg selv slik at de kan motta nøkkelen til å åpne perle porten til det Nye Jerusalem.

Geumsun Vin
Direktør for Redigeringsbyrået

"Hvis du elsker de som elsker deg, hvilken kredit gir så dette deg? For syndere elsker de som elsker dem."

Lukas 6:32

Del 1

Kjærlighetens Betydelse

Åndelig Kjærlighet

"Kjære, la oss elske hverandre, for kjærligheten kommer
ifra Gud; og alle de som elsker kommer ifra Gud og kjenner
Gud. Han som ikke elsker kjenner ikke Gud, for Gud er selve
kjærligheten.

(1. Johannes 4:7-8)

Bare ved å høre ordet 'kjærlighet' vil vårt hjerte banke og våre tanker vil bli forfjamset. Hvis vi kan elske noen og dele den utrolige kjærligheten hele vårt liv, vil det bli et liv fylt med den mest utrolige lykken. Noen ganger hører vi om mennesker som har overvunnet situasjoner som selve døden og som lever vidunderlige liv gjennom makten av kjærlighet. En må ha kjærlighet for å kunne leve et lykkelig liv; kjærligheten har makten til å endre på våre liv.

Merriam-Webster's Online Ordbok forklarer kjærlighet som 'en sterk følelse for en annen som kommer fra ydmykhet eller personlige bånd' eller 'følelse som kommer ifra henrykkelse, velvilje, eller samsvarende interesser'. Men kjærligheten som Gud prater om er kjærlighet på et litt høyere nivå, som vi kaller en åndelig kjærlighet. Åndelig kjærlighet vil søke etter andres gagn; den gir glede, håp, og liv til dem, og den vil aldri endre seg. Den gir oss ikke bare midlertidig gagn mens vi bor her på jorden, men den leder våre sjeler til frelse og gir oss et evig liv.

En Fortelling om en Kvinne Som Førte Hennes Mann til Kirken

Det var en kvinne som levde et trofast kristelig liv. Men mannen hennes likte ikke at hun gikk i kirken og gjorde det vanskelig for henne. Men selv i slike vanskelige tider dro hun fremdeles til gudstjenestene tidlig på morgen og ba for hennes mann. En dag da hun kom tidlig på morgenkvisten for å be hadde hun med seg hennes manns sko. Hun ba gråtende mens hun holdt

3

skoene i fanget, "Gud, i dag er det bare disse skoene som kommer til kirken, men neste gang ber jeg om at også eieren av skoene vil komme."

Etter litt tid skjedde det noe utrolig. Mannen kom til kirken. Denne delen av fortellingen går slik: Fra dette tidspunktet av følte han en varme i skoene når han dro til arbeide. Da han en dag så hans kone ta skoene med seg, fulgte han henne. Hun gikk inn i kirken.

Han var litt sint, men han kunne ikke stoppe hans nysgjerrighet. Han måtte finne ut hva hun gjorde med hans sko i kirken. Idet han stille gikk inn i kirken, ba hans kone mens hun holdt godt fast på hans sko. Han overhørte bønnen, og hvert eneste ord i bønnen var på hans vegne og velsignelse. Hans hjerte ble rørt, og han kunne ikke hjelpe for at han følte seg ille til mote for måten han hadde behandlet henne på. Mannen ble til slutt rørt ved hans kones kjærlighet og ble en veldig andektig kristen.

De fleste koner i en slik situasjon ville vanligvis be meg om å be for dem og si, "Min mann liker ikke at jeg kommer til kirken. Kan du være så snill og be for at min mann skal stoppe med å fordømme meg." Men da ville jeg svare, "Bli hurtig frelst og bli åndelig. Det er slik en skal løse ditt problem." De vil gi mer åndelig kjærlighet til mennene deres og kaste bort syndene og bli åndelig. Hvilken mann vil ikke like sin kone som ofrer og tjener ham gjennom sitt hjerte?

Tidligere hadde konen lagt alt ansvaret på hennes mann, men på grunn av sannheten endret hun seg og tilstod at det var hun som var årsaken og ydmykte seg selv. Da fjerner det åndelige lyset mørket, og mannen kan også forandre seg. Hvem vil be for en annen person som gjør livet vanskelig for dem? Hvem vil ofre seg selv for de fordømte naboene og gi dem alle den sanne kjærligheten? Guds barn som har lært om den sanne kjærligheten ifra Herren kan gi andre en slik kjærlighet.

Uforandret Kjærlighet og Vennskap med David og Jonatan

Jonatan var Saulus sønn, Israels første konge. Når han så David slå ned mesteren fra Filistea, Goliat, med en slenge og en stein, visste han at David var en kriger som hadde mottatt Guds ånd. Siden han selv hadde vært en general i hæren, ble Jonatans hjerte fanget av Davids modighet. Fra da av elsket Jonatan David like mye som seg selv, og de begynte å bygge et veldig sterkt vennskaps bånd. Jonatan elsket David så mye at han ikke holdt på noe hvis det hadde med David å gjøre.

Da Jonathan hadde hørt samtalen mellom David og Saulus, kjente han seg straks knyttet til David, og han fikk ham så kjær som sitt eget liv. Samme dag tok Saulus ham til seg og lot ham ikke mer få vende tilbake til sitt hjem. Jonathan sluttet en pakt med David, fordi han hadde fått ham så kjør som sitt eget liv. Han tok av seg kappen han hadde på, og gav den til David, og likedan krigsklærne, sverdet, buen og belte (1. Samuel 18:1-4).

Jonathan var arvingen til tronen siden han var den første sønnen til kong Saulus, og han kunne lett hatt hatet David fordi David var veldig høyt elsket av folket. Men han hadde ikke noe ønske om tittelen som en konge. Men når Saulus prøvde å drepe David for å ta til seg kronen, risikerte Jonathan sitt eget liv for å redde David. Denne kjærligheten endret seg aldri helt til han døde. Når Jonathan døde i krigen på Gilboa, sørget David og gråt og fastet helt til sent på kvelden.

Bittert sørger jeg over deg, Jonathan, min bror! Jeg har deg inderlig kjær. Din kjærlighet var mer verd for meg enn kvinners kjærlighet (2. Samuel 1:26).

Etter at David ble konge, fant han Mephibosheth, Jonathans eneste sønn, ga ham tilbake alle Saulus eiendeler, og tok vare på ham i palasset som om han var hans egen sønn (2 Samuel 9). Akkurat som dette er den åndelige kjærligheten på samme måte som det uforandrede hjerte med hele ens liv, selv om det ikke har noen gagn for en selv, men det vil heller ødelegge en selv. Bare det å være snill med håp om å få noe tilbake er heller ikke en virkelig kjærlighet. Åndelig kjærlighet er å ofre seg selv og bare fortsette å gi til andre betingelsesløst, gjennom rene og sanne hensikter.

Uforandret Kjærlighet fra Gud og Herren for Oss

De fleste mennesker erfarer hjerteskjærende smerter på grunn av kjødelig kjærlighet i livene deres. Når vi har smerter og føler oss alene på grunn av kjærligheten som lett forandrer seg, er det noen som trøster oss og blir vår venn. Han er Herren. Han ble foraktet og forlatt av folket selv om han var uskyldig (Esaias 53:3), så Han forstår godt våre hjerter. Han oppga Hans himmelske ære og kom ned til denne jorden for å ta til seg lidelsene. Ved å gjøre dette ble Han den sanne Trøster og venn. Han ga oss en sann kjærlighet helt til Han døde på korset.

Før jeg ble en av Guds troende, jeg hadde lidd av mange sykdommer og erfarte grundig smerten og ensomheten på grunn av fattigdom. Etter at jeg hadde vært syk i sju lange år, var alt det jeg hadde tilbake en syk kropp, en større og større gjeld, forakt for mennesker, ensomhet, og håpløshet. Alle de som jeg hadde stolt på og elsket forlot meg. Men det var en som kom til meg når jeg følte som om jeg var helt alene i hele universet. Og det var Gud. Idet jeg møtte Gud ble jeg helbredet av alle mine sykdommer med det samme og begynte så å leve et nytt liv.

Kjærligheten som Gud ga meg var en gratis gave. Jeg elsket Ham ikke i begynnelsen. Han kom først til meg og strakte ut hånden. Idet jeg begynte å lese Bibelen, kunne jeg høre Gud erklære Hans kjærlighet til meg.

Kan en kvinne glemme sitt ammende barn og ikke ha ømhet for sønnen hun fødte? Og selv om en mor kan glemme, så vil jeg aldri glemme deg. Jeg har tegnet deg i mine hender, dine murer står alltid for Mine øyne (Esaias 49:15-16).

Åndelig Kjærlighet

Og ved dette ble Guds kjærlighet åpenbart blant oss, at
Gud sendte sin enbårne sønn til verden for at vi skulle leve
med Ham. Ja, dette er kjærligheten, ikke at vi har elsket
Gud, men at Han har elsket oss og sendt sin sønn til soning
for våre synder (1. Johannes 4:9-10).

Gud forlot meg ikke selv om jeg kjempet med mine lidelser etter at alle hadde forlatt meg. Når jeg følte Hans kjærlighet, kunne jeg ikke stoppe tårene fra å trille ned over kinnet. Jeg kunne føle at Guds kjærlighet var virkelig på grunn av smertene som jeg hadde hatt. Jeg har nå blitt en prest, en tjener for Gud, for å trøste mange sjeler og for å tilbakebetale Guds nåde som jeg fikk.

Gud er selve kjærligheten. Han sendte Hans eneste Sønn Jesus hit til jorden til oss syndere. Og Han venter på at vi skal komme til himmelens kongerike hvor Han har lagt mange vakre og dyrebare ting. Vi kan føle den delikate og overveldende kjærligheten fra Gud hvis vi bare åpner vårt hjerte litt.

Hans usynlige vesen, både hans evige kraft og hans guddommelighet, har de fra verdens skapelse av kunnet se og erkjenne av hans gjerninger. Derfor har de ingen unnskyldning (Romerne 1:20).

Hvorfor tenker du ikke bare på den vakre egenskapen? Den blå himmelen, det klare havet, og alle trærne og plantene er ting som Gud skapte for oss slik at vi kan ha håp om himmelens kongerike mens vi lever her på denne jorden.

Fra bølgene som skvalper over strandlinjen; stjernene som

blinker som om de danser; det høylytte braket av de store vannfallene; og fra vinden som suser forbi oss, kan vi føle Guds ånde som forteller oss "Jeg elsker dere." Siden vi har blitt valgt som denne elskelige Guds barn, hva slags kjærlighet burde vi så ha? Vi burde ha en evig og sann kjærlighet og ikke en meningsløs kjærlighet som endrer seg når situasjonen ikke er til noen fordel for oss.

Kjødelig Kjærlighet

"Hvis du elsker de som elsker deg, hvilken kredit gir så dette deg? For syndere elsker de som elsker dem."
Lukas 6:32

En mann står rett foran en stor folkemengde, rett foran sjøen Galilea. Blå bølger på havet bak Ham ser ut som om de danser med den lette vindene bak Ham. Alle menneskene har blitt stille for å høre på Ham. Til mengdene av mennesker som satt her og der på en liten bakke, ba Han dem om å komme til lyset og saltet i verden og om å til og med elske deres fiender, med et stille og bestemt tonefall.

> Om dere elsker dem som elsker dere, er dette noe å lønne dere for? Gjør ikke tollerne det samme? Og om dere hilser vennlig på deres egne, er det noe storartet? Gjør ikke hedningene det samme? (Matteus 5:46-47)

Akkurat som Jesus sa, kan de ikke troende og til og med de som er onde vise kjærlighet mot de som er snille mot dem og de som er til fordel for dem. Det finnes også falsk kjærlighet, som virker godt på utsiden, men er ikke sannferdig på innsiden. Dette er en kjødelig kjærlighet som etter en viss tid bryter ned og faller sammen til og med på grunn av mindre ting.

Kjødelig kjærlighet kan forandre seg når som helst. Hvis situasjonen forandrer seg eller forholdene endrer seg, kan kjødelig kjærlighet endre seg. Mennesker har ofte en tendens til å forandre deres holdning ifølge hvilke fordeler og utbytte som de vil motta. Mennesker vil bare gi etter at de har mottatt noe ifra andre først, eller de vil gi til andre hvis det virker som om det vil være til fordel for dem selv. Hvis det vi gir og det vi vil ha tilbake er det samme, eller hvis vi føler oss skuffet når andre ikke gir oss noe tilbake, er også dette fordi vi har kjødelig kjærlighet.

11

Kjærlighet mellom Foreldre og Barn

Foreldres kjærlighet som fortsetter med å gi til deres barn, vil røre mange menneskers hjerte. Foreldre sier ikke at det er vanskelig etter at de har tatt vare på barna deres med all deres makt på grunn av at de elsker barna deres. Det er vanligvis foreldrenes ønske og gi barna gode ting selv om dette betyr at de selv ikke kan spise mye eller ha på seg fine klær. Men det finnes fremdeles et lite sted i foreldrenes hjerte selv om de elsker barna deres, som søker etter litt ytelse for seg selv.

Hvis de virkelig elsket barna deres, burde de til og med kunne gi livene deres uten å ønske å få noe tilbake. Men det er egentlig mange foreldre som oppdrar barna deres for deres egen fordel og ære. De sier, "Jeg sier dette til fordel for dere selv," mens de i virkeligheten prøver å styre barna deres på en måte som fyller deres ønske om berømmelse, eller kanskje også for pengers skyld. Når barna deres velger et yrke eller gifter seg, vil foreldrene deres bli veldig skuffet og motsette seg valget, hvis barna velger et yrke eller en ektefelle som foreldrene ikke aksepterer. Dette beviser at deres hengivenhet og ofring for barna deres hadde følger. De prøver å få det de vil ha gjennom barna til gjengjeld for den kjærligheten som de hadde gitt.

Barnas kjærlighet er vanligvis mye mindre enn det til foreldrene. En koreansk sagn sier, "Hvis foreldrene er syke lenge, vil alle barn forlate dem." Hvis foreldrene er syke og gamle og det ikke finnes noen sjanse for at de skal bli bedre, og hvis barna må ta vare på dem, vil de føle det som om situasjonen blir mer og mer vanskelig. Når barna er små, vil de til og med si ting som, "Mor og far, jeg vil aldri gifte meg, men bo sammen med dere hele mitt liv."

De vil kanskje tro at de vil bo sammen med foreldrene deres hele livet. Men når de blir eldre, blir de mindre og mindre interessert i foreldrene deres fordi de blir opptatte med å forsørge seg. Menneskenes hjerter nå for tiden er så følelsesløse overfor synder, og ondskap er så alminnelig at det til og med skjer at foreldre dreper barna deres eller barn vil drepe deres foreldre.

Kjærligheten mellom Mann og Kone

Hva med kjærligheten mellom gifte par? Når de bare er kjærester, vil de si alle de søte ordene som, "Jeg kan ikke leve foruten deg. Jeg vil alltid elske deg." Men hva skjer etter at de gifter seg? De vil avsky ektefellen deres og si, "Jeg kan ikke leve som jeg vil på grunn av deg. Du har bedratt meg."

De hadde før erkjent deres kjærlighet for hverandre, men etter at de giftet seg, vil de ofte prate om separasjon eller skilsmisse fordi de tror at deres familie bakgrunn, utdannelse, eller personlighet ikke lenger er jevnbyrdig. Hvis maten ikke er så god som mannen gjerne vil at den skal være, vil han klage til konene og si, "Hva slags mat er dette? Det finnes ikke noe å spise her!" Og hvis mannen ikke tjener nok penger, vil kvinnen mase på mannen hennes og si ting som, "Mannen til min venninne har allerede fått en forfremmelse som direktør og en annen en har blitt en styreleder... Når skal du bli forfremmet... og en annen venninne kjøpte et større hus og en helt ny bil, men hva med oss? Når kan vi få finere ting?"

I en statistikk over husbråk i Korea, nesten halvparten av alle gifte par er voldelige mot deres ektefeller. Det er veldig mange

13

ektefeller som mister den første kjærligheten som de en gang hadde, og nå begynner de å hate og krangle med hverandre. Det finnes til og med noen par som går fra hverandre i løpet av deres hvetebrødsdager! Gjennomsnittstiden fra de gifter seg til de skiller seg blir også bare kortere og kortere. De trodde at de elsket deres ektefelle så mye, men når de flytter sammen ser de hverandres negative ting. Siden deres tankegang og smak er forskjellig, kolliderer de hele tiden med hverandre. Mens dette foregår vil alle deres følelser som de før trodde var kjærlighet, kjølne.

Selv om de kanskje ikke har noen store problemer med hverandre, vil de bare bli mer vant til hverandre og den følelsen de hadde når de først møtte hverandre vil kjølne ettersom tiden går. Så vil de begynne å kikke på andre menn eller kvinner. Mannen er skuffet på grunn av at hans kone ser sjuskete ut på morgenen, og når hun blir eldre og legger på seg mer vekt, vil han føle det som om hun ikke lenger er sjarmerende. Kjærlighet må bli dypere etter som tiden går, men i de fleste tilfeller er dette ikke tilfelle. Denne kjærligheten var derfor en kjødelig kjærlighet som bare søker etter et eget gagn.

Kjærlighet mellom Brødre

Søsken som kommer fra de samme foreldre og oppdratt sammen, burde være nærere hverandre enn andre mennesker. De kan stole på hverandre for mange ting fordi de har delt så mange ting og samlet opp veldig mye kjærlighet for hverandre. Men noen søsken føler konkurranse mellom dem og blir sjalue overfor deres brødre og søstre.

Den førstefødte vil lett føle at litt av foreldrenes kjærlighet som de egentlig skulle ha hatt har nå blitt tatt vekk ifra dem og har blitt gitt til deres yngre søsken. Barn nummer to vil kanskje føle seg ustabile på grunn av at de føler seg mindre verdt enn deres store søster eller store bror. Barn som har både eldre og yngre søsken vil kanskje føle seg mindre verdt enn deres eldre søsken og et stort ansvar overfor deres yngre søsken. De føler seg kanskje også bedratt fordi de ikke kan få deres foreldres oppmerksomhet. Hvis barn ikke klarer å handle en slik situasjon riktig, vil de sannsynlig ha ufordelaktige forhold til deres brødre og søstre.

Historiens første mord mellom mennesker ble også utført mellom to brødre. Det skjedde på grunn av Kains sjalusi mot hans yngre bror Abel angående Guds velsignelser. Helt fra da av har det hele tiden vært stridigheter og slåsskamper blant brødre og søstre gjennom menneskenes historie. Josef var hatet av hans brødre og ble solgt som en slave i Egypt. Davids sønn Absalom, fikk en av hans menn til å drepe hans egen bror Amon. Det finnes veldig mange brødre og søstre som i dag slåss seg imellom over arvepenger ifra deres foreldre. De ble som fiender overfor hverandre.

Selv om det ikke var like seriøst som i de øvrige tilfellene, vil de ikke gi så mye oppmerksomhet til deres søsken etter at de gifter seg som de gjorde før. Jeg ble født som den siste sønnen blant seks brødre og søstre. Mine eldre brødre og søstre elsket meg veldig mye, men når jeg ble sengeliggende i sju år på grunn av forskjellige sykdommer, forandret situasjonen seg. Jeg ble bare en større og større byrde for dem. De prøvde å helbrede meg til en viss grad, men når håpet skrumpet inn, begynte de å snu ryggen til meg.

Kjærlighet blant Naboer

Koreanere har et utrykk som sier "Familie Naboer." Dette betyr at våre naboer er like nær oss som våre familie medlemmer. Når de fleste mennesker tidligere drev landbruk, var naboer veldig verdifulle mennesker som alltid ville hjelpe hverandre. Men dette utrykket blir mer og mer uriktig. Nå for tiden vil folk holde dørene deres lukket og låst, selv for naboene deres. Vi bruker til og med omfattende sikkerhets utstyr. Folk vet ikke engang hvem som bor ved siden av dem.

De bryr seg ikke engang om andre og de prøver ikke engang å finne ut av hvem deres nabo egentlig er. De bare tenker på seg selv, og deres nærmeste familie medlemmer er de eneste som er viktige for dem. De stoler ikke på hverandre. Og hvis de føler at naboene deres gir dem noen slags bryderi, skade eller fortred, vil de ikke nøle med å fryse dem ut eller slåss med dem. Det er i dag mange naboer som saksøker hverandre over ubetydelige saker. Det var en person som slo i hjel hans nabo som bodde rett over dem i en leilighet på grunn av at de laget for mye bråk.

Kjærlighet blant Venner

Så hva så med kjærlighet blant venner? Du tror kanskje at en viss venn alltid vil være på din side. Men selv en slik person som du ser på som en god venn kan bedra deg og gi deg et knust hjerte.

I enkelte tilfeller vil en person kanskje spørre hans venner om å låne en god del penger eller om å bli deres garantist, fordi det er like før han går konkurs. Hvis vennene nekter vil han si at han har blitt bedradd og at han aldri mer vil se dem. Men hvem er det som

16

handler galt her?

Hvis du virkelig elsker din venn, kan du ikke gi dem smerter. Hvis du er like ved med å gå konkurs, og hvis dine venner garanterer for deg, er det ganske sannsynlig at dine venner og familie vil også lide. Er det kjærlighet som får mennesker til å ta en slik risiko? Det er ikke kjærlighet. Men slike ting skjer i dag ganske ofte. Guds vil nekte oss å låne fra og låne ut penger og gi kollateral eller å garantere for noen. Når vi ikke adlyder Gud, vil Satan i de fleste tilfeller komme til syne og alle de som er involvert vil bli skadet.

> *Min sønn, har du borget for din neste og ditt håndslag til en fremmed, har du bundet deg ved ditt ord, og er du fanget ved det du har sagt, gjør da slikt for å berge deg, min sønn, siden du er kommet i din nestes makt (Salomos Ordspråk 6:1-2).*

> *Vær ikke blant dem som gir håndslag og borger for folk som har gjeld (Salomos Ordspråk 22:26).*

Noen mennesker tror at det er smart å få venner som en i fremtiden kan få fordeler av. Det er et faktum at det i dag er veldig vanskelig å finne en person som er villig til å gi opp tid, anstrengelse, og penger på grunn av den kjærligheten de har for deres naboer eller venner.

Jeg har hatt mange venner siden barndommen. Før jeg begynte å tro på Gud, så jeg på trofastheten til mine venner som mitt liv. Jeg trodde at vårt vennskap ville vare i all evighet. Men etter at jeg hadde vært sengeliggende i lang tid, innså jeg at mine venners kjærlighet hadde endret seg på grunn av deres egne fordeler.

Først undersøkte mine venner etter gode leger eller gode legeråd og brakte dem til meg, men når jeg ikke ble helbredet i det hele tatt, forlot de meg en etter en. De eneste vennene jeg til slutt hadde var mine drikke og gamble venner. Selv disse vennene kom ikke til meg fordi de elsket meg, men fordi de trang et sted å oppholde seg. I kjødelig kjærlighet sier folk at de elsker hverandre, men dette vil kort etterpå forandre seg.

Hvor fint ville det ikke være hvis foreldre og barn, brødre og søstre, venner og naboer ikke bare søkte etter deres eget gagn og aldri endret deres holdning? Hvis dette er tilfelle betyr det at de har en åndelig kjærlighet. Men i de fleste tilfeller har de ikke åndelig kjærlighet, og de kan derfor ikke finne en riktig tilfredsstillelse i dette. De søker etter kjærlighet ifra deres familie medlemmer og folk rundt dem. Men i det de fortsetter vil de bare bli mer og mer tørst etter kjærlighet, som om de drakk sjøvann for å slukke tørsten deres.

Blaise Pascal sa at det finnes en Gud formert støvsuger i hjertet til hvert eneste menneske som ikke kan bli fylt av noen skapninger, men bare av Gud, selve Skaperen, og som vi kjenner til gjennom Jesus. Vi kan ikke føle en sann tilfredsstillelse og vi vil lide av en viss meningsløshet med mindre denne delen blir fylt med Guds kjærlighet. Så betyr så dette at det i denne verden ikke finnes noen åndelig kjærlighet som aldri endrer seg? Nei, det gjør det ikke. Det er ikke vanlig, men åndelig kjærlighet eksisterer absolutt. 1. Korinterne 13. kapittel vil klart og tydelig fortelle oss om den sanne kjærligheten.

Kjærligheten er tålmodig, kjærligheten er velvillig, den misunner ikke, skryter ikke, er ikke hovmodig. Kjærligheten krenker ikke, søker ikke sitt eget, er ikke oppfarende og gjemmer ikke på det onde. Den gleder seg ikke over urett, men har sin glede i sannheten. Kjærligheten utholder alt, tror alt, håper alt, tåler alt (1. Korinterne 13:4-7).

Gud kaller en slik kjærlighet åndelig og sannferdig. Hvis vi kjenner til Guds kjærlighet og endrer oss ifølge sannheten, da kan vi ha åndelig kjærlighet. La oss ha åndelig kjærlighet hvor vi kan elske hverandre med hele vårt hjerte og en uendret holdning, selv om den ikke har noen fordel for oss men heller skader oss.

Det er mennesker som ved en feiltagelse tror at de elsker Gud. For å kunne sjekke hvor mye vi har kultivert den åndelige kjærligheten og Guds kjærlighet, kan vi undersøke våre følelser og handlinger som vi har hatt når vi går gjennom de raffinerte testene, prøvene, og vanskelighetene. Vi kan sjekke og se hvor mye vi har kultivert en sann kjærlighet, ved å sjekke om vi virkelig jubler og er dypt takknemlig og om vi fortsetter og følge Guds vilje.

Måter en kan Sjekke Åndelig Kjærlighet på

Hvis vi klager og blir såret av situasjoner og hvis vi søker etter verdslige metoder og stoler på mennesker, vil dette bety at vi ikke har åndelig kjærlighet. Det vil bare bevise at vi bare har kunnskapen om Gud i vårt hode, ikke kunnskap som vi har kultivert og satt inn i våre hjerter. Akkurat som en forfalsket seddel ser ut som en virkelig seddel, men den er i virkeligheten bare et papir, er kjærligheten som bare finnes gjennom kunnskapen ikke en virkelig kjærlighet. Den har ingen verdi. Hvis vår kjærlighet for Herren ikke endrer seg og hvis vi alltid vil stole på Gud samme hvilke vanskeligheter som oppstår, da kan vi si at vi har kultivert den sanne kjærligheten som er den åndelige kjærligheten.

"Så blir de stående, disse tre: tro, håp og kjærlighet."

1. Korinterne 13:13

Del 2

Kjærlighet akkurat som i Kjærlighets Kapittelet

Kjærligheten som Gud Ønsker

"Hvis Jeg taler med menneskers og englers tunger, men ikke har kjærlighet, da er Jeg bare drønnende malm eller en klingende bjelle. Om jeg har profetisk gave, kjenner alle hemmeligheter og eier all kunnskap, om jeg har all tro så jeg kan flytte fjell, men ikke har kjærlighet, da er jeg intet. Om Jeg gir alt Jeg eier til brød for de fattige, ja, om Jeg gir Meg Selv til å brennes, men ikke har kjærlighet, da har Jeg ingenting vunnet."

1. Korinterne 13:1-3

Dette var en begivenhet som fant sted ved et barnehjem i Sør Afrika. Flere og flere barn ble bare sykere og sykere en etter en. Men de kunne ikke finne noen grunn for deres sykdom. Barnehjemmet inviterte noen berømte leger til å undersøke dem. Etter masse undersøkelse, sa legene bare at de skulle "Gi dem så mange klemmer som mulig og gi dem så mye kjærlighet dere kan i ti minutter mens de er våkne."

Til deres overraskelse, begynte sykdommene som ikke hadde hatt noen årsak, å forsvinne. Det var på grunn av at det var den varme kjærligheten som barna trang mer enn noe annet. Selv om vi ikke behøver å engste oss over å tjene til levebrød og vi lever i overflod, kan vi ikke ha håp om livet eller viljen til å leve uten kjærligheten. Det blir sagt at kjærlighet er den viktigste tingen i livet vårt.

Betydningen av Åndelig Kjærlighet

De tretten kapitlene i 1. Korinterne, som blir kalt Kjærlighets Kapitlene, vil først sette en vekt på hvor viktig kjærlighet er før den forklarer detaljert om åndelig kjærlighet. Dette er fordi vi taler med menneskers og englers tunger, men ikke har kjærlighet, da er Jeg bare drønnende malm eller en klingende bjelle.

'Menneskenes tunger' betyr ikke å snakke i tunger som er en av gavene fra den Hellige Ånd. Det refererer til alle menneskenes tunger som lever her på jorden som for eksempel engelsk, japansk, fransk, russisk, o.s.v. Sivilisasjonen og kunnskapen er systematisk og blir ført ned i arv gjennom språk, og vi kan derfor si at språkets makt er forferdelig mektig. Gjennom språk kan vi også uttrykke og levere våre følelser og tanker slik at vi kan overbevise eller røre ved hjertene til mange mennesker. Menneskenes tunger har makten til å røre mennesker og makten til å oppnå mange ting.

'Englenes tunger' refererer til vakre ord. Engler er åndelige vesen og de representerer 'skjønnhet'. Når noen andre mennesker bruker skjønne ord med skjønne stemmer, da beskriver folk dem som om de er engleaktig. Men Gud sier at til og med de veltalende ordene til menneskene eller de skjønne ordene som er i likhet med de til englene bare er som en drønnende malm eller en klingende bjelle (1 Korinterne 13:1)

Det vil si at et tungt stykke stål eller kobber vil ikke gi kraftig lyd når den blir slått på. Hvis et stykke kobber gir fra seg en kraftig lyd, da betyr det at den er hul innvendig eller at den er tynn og lett. Cymbal gir kraftige lyder fordi de er laget av et tynt stykke messing. Det samme gjelder mennesker. Vi har en verdi som kan sammenlignes med hvete bare når vi blir Guds sanne sønner og døtre ved å fylle våre hjerter med kjærlighet. I motsetning vil de som ikke har kjærlighet bare være tomt søppel. Hva betyr dette?

1. Johannes 4:7-8 sier, "Mine kjære, la oss elske hverandre! For kjærligheten er fra Gud, og hver den som elsker, er født av Gud og kjenner Gud. Han som ikke elsker kjenner ikke Gud, for Gud er selve kjærligheten." Det vil si at de som ikke elsker har ikke noe med Gud å gjøre, og de er bare lik klinten uten hvete.

Ordene til slike mennesker har ingen betydning selv hvor elegante eller vakre de er, for de kan ikke gi andre en sann kjærlighet eller liv. Men de kan bare forårsake andre mennesker ubehag akkurat som den drønnende malm eller den klingende bjellen, for de er lette og tomme på innsiden. På den annen side, vil ordene som inneholder kjærlighet ha en utrolig makt til å gi liv. Vi kan finne slike bevis i livet til Jesus.

Virkelig Kjærlighet Gir Liv

En dag da Jesus underviste i Tempelet, brakte skribentene og fariseerne en kvinne til Ham. De hadde tatt henne i ekteskapsbrudd. En kunne ikke engang finne litt ømhet i øynene til skribentene og fariseerne som brakte kvinnen.

De sa til Jesus, "Mester, denne kvinne er grepet i ekteskapsbrudd. I Loven har Moses påbudt oss å steine slike kvinner. Men hva sier Du?" (Johannes 8:4-5)

Israels Lov er Ordet og Guds Lov. Det har en paragraf som sier at ekteskapsbrytere må bli steinet. Hvis Jesus sa at de måtte steine henne ifølge Loven, ville dette bety at Han motsa Hans egne ord, for Han lærte dem å til og med elske deres fiender. Hvis Han sa at de skulle tilgi henne, ville dette helt klart bryte Loven. Dette ville bli å sette seg opp imot Guds Ord.

De skriftlærde var nå stolte av seg selv når de nå trodde at de hadde fått en sjanse til å ta ned Jesus. Siden Jesus godt kjente til hjertene deres, bøyde Han seg bare ned og skrev noe på bakken med Hans finger. Så reiste Han seg opp og sa, "Han som blant dere ikke er syndig, la han være den første til å kaste en stein" (Johannes 8:7).

Når Jesus igjen bøyde seg ned og skrev på bakken med fingeren, forlot de en etter en, og det var bare Jesus og kvinnen tilbake. Jesus reddet livet til denne kvinnen uten å bryte Loven.

Utenfra var ikke det som skribentene og fariseerne sa galt, de sa simpelthen hva som stod i Guds Lov. Men deres hensikt med disse ordene var noe helt forskjellig fra Jesus hensikt med dem. De prøvde å skade andre mens Jesus prøvde å redde dem.

Hvis vi har et slikt hjerte som Jesus, da vil vi be og tenke på hva slags ord som kan gi styrke til andre og føre dem til sannheten. Vi vil prøve å gi liv gjennom hvert eneste ord. Noen mennesker prøver å overtale andre gjennom Guds Ord eller de prøver å irettesette andres oppførsel ved å peke på deres svakheter og feil som de i deres mening ikke synes er gode. Selv om dette er riktig, kan det ikke forandre på andre mennesker eller gi dem livet, så lenge ordene ikke kommer fra dypt i deres hjerte.

Vi burde derfor alltid sjekke oss selv om det vi sier kommer fra våre egne tanker og selvgodhet, eller om ordene våre kommer fra en kjærlighet om å gi andre liv. I stedet for veldig lettløpende ord, kan et ord som inneholder åndelig kjærlighet bli livets vann til å slukke tørsten til sjelene, og verdifulle juveler som gir glede og trøst til de smertefulle sjelene.

Kjærlighet Gjennom Gjerninger hvor en Ofrer Seg Selv

'Profeti' vil generelt sagt prate om fremtidige begivenheter. Bibelsk sett betyr dette å motta Guds hjerte gjennom den Hellige

Ånds inspirasjon for en spesiell grunn og for å prate om fremtidige begivenheter. Profeti er ikke noe som kan gjøres ifølge menneskenes vilje. Peters 2.brev 1:21 sier, "...det har aldri blitt noen profeti ifra menneskenes vilje, men bare fra mennesker som har blitt rørt av den Hellige Ånd vil kunne forkynne fra Gud." Denne gaven av forkynnelse blir ikke bare gitt tilfeldig til hvem som helst. Gud gir ikke en slik gave til en person som ikke har blitt frelst, fordi han kan da bli arrogant.

"Gaven med forkynnelse," som i det åndelige kjærlighets kapittelet er ikke en gave som blir gitt til et par mennesker. Det betyr at alle de som tror på Jesus Kristus og som oppholder seg i sannheten kan forutse og fortelle om fremtiden. Det vil si at når Herren kommer tilbake, da vil de som er frelst bli tatt opp, og de vil delta i den Sju År lange Bryllups Festen, og de som ikke har blitt reddet vil lide i Sju lange År av de Store Prøvelsene her på jorden og falle inn i Helvete etter dommen fra den Store Hvite Tronen. Men selv om alle Guds barn har fått forkynnelsesgaven på denne måten ved 'å prate om fremtidige begivenheter', har de ikke alle den åndelige kjærligheten. Men til tross for dette vil de endre deres holdning og følge deres eget gagn hvis de ikke har den åndelige kjærligheten, og de vil derfor ikke dra noen fordel av gaven med forkynnelse. Selve gaven kan ikke foregå eller overskride kjærligheten.

'Hemmeligheten' som de her refererer til har vært gjemt siden før tidens begynnelse, som er selve ordet på korset (1 Korinterne 1:18). Ordet på korset er forsynet om menneskenes frelse, som hadde blitt satt opp av Gud før Hans suverenitet. Gud visste at mennesker ville begå synder og falle inn i døden. På grunn av dette hadde Han forberedt Jesus Kristus som ville bli Frelseren selv før tidens begynnelse. Men helt til dette forsynet hadde blitt fullført, holdt Gud det som en hemmelighet. Hvorfor gjorde Han det? Hvis de hadde kjent til veien om frelse, ville den ikke blitt fullført på grunn av fiende djevelen og Satans innblanding (1. Korinterne 2:6-8). Fiende djevelen og Satan trodde at de ville kunne beholde myndigheten som de hadde fått ifra Adam for resten av tiden hvis de drepte Jesus. Men det var på grunn av at de fremkalte onde mennesker og drepte Jesus at veien til frelse ble åpnet! Men selv om vi har kunnskapen om denne store hemmeligheten vil den ikke gi oss noen fordel hvis vi ikke har en åndelig kjærlighet.

Det samme gjelder kunnskap. Her vil 'all kunnskap' ikke referere til den akademiske lære. Den refererer til kunnskapen om Gud og om sannheten fra de 66 bøkene i Bibelen. Så fort vi blir kjent med Gud gjennom Bibelen, burde vi også møte Ham og erfare Ham for oss selv og tro på Ham helt dypt i våre hjerter. Hvis ikke vil kunnskapen om Guds Ord bare bli til litt kunnskap i vårt hode. Vi vil kanskje til og med bruke kunnskapen på en ufordelaktig måte ved å for eksempel dømme og fordømme andre. Så kunnskap uten åndelig kjærlighet vil vi ikke dra noen nytte av.

Hva hvis vi har en slik mektig tro at vi kan flytte et fjell? Å ha en stor tro betyr ikke nødvendigvis å ha stor kjærlighet. Så hvorfor kan ikke mengden med tro og mengden med kjærlighet måle seg med hverandre? En tro kan vokse ved å se tegn og under ifra Gud. Peter så mange tegn og under fra Jesus, og han kunne derfor på grunn av dette selv spasere på vannet når Jesus spasert på vannet,

Kjærlighet: Fullførelse av Loven

selv om det bare varte i kort tid. Men på denne tiden hadde Peter ikke noen åndelig kjærlighet fordi han ikke ennå hadde mottatt den Hellige Ånd. Han hadde ennå heller ikke omskjæret hans hjerte ved å kaste vekk syndene. Så når livet hans senere ble truet, nektet han Jesus tre ganger.

Vi kan forstå hvorfor vår tro kan vokse gjennom erfaringer, men åndelig kjærlighet vil bare komme inn i våre hjerter gjennom anstrengelser, gudsfrykt, og ofringer om å kaste vekk synder. Men dette betyr heller ikke at det ikke finnes noe direkte forhold mellom åndelig tro og kjærlighet. Vi kan prøve å kaste vekk synder og vi kan prøve å elske Gud og sjelen fordi vi tror. Men uten å gjøre ting som virkelig ligner Herren og kultivere den sanne kjærligheten, vil vårt arbeide for Guds kongerike ikke ha noe med Gud å gjøre samme hvor trofaste vi prøver å være. Det vil bare bli akkurat som Jesus sa, "Da skal Jeg si dem rett ut: 'Jeg har aldri kjent dere. Bort fra Meg, dere som gjør urett!'" (Matteus 7:23)

Kjærlighet som Bringer Himmelske Belønninger

Mange personer og organisasjoner vil vanligvis imot slutten av året gi penger til kringkastinger eller aviser for å hjelpe de fattige. Hva så hvis deres navn ikke blir nevnt av avisen eller kringkastingen? Sjansen er at det da ikke ville være like mange individer eller firmaer som ville gi gaver.

Jesus sa i Matteus 6:1-2, "Pass dere for å gjøre gode gjerninger for øynene på folk, for å bli sett av dem. Da får dere ingen lønn hos deres Far i himmelen. Når du gir en gave til de fattige, skal du ikke utbasunere det, slik hyklere gjør i synagogene og på gatene for å bli æret av mennesker. Sannelig, Jeg sier dere: De har alt fått sin lønn." Hvis vi hjelper andre slik at andre mennesker kan ære oss, vil vi kanskje bli æret i kort tid, men vi vil ikke få noen belønning ifra Gud.

En slik gave er bare for vår selvtilfredshet eller for å skryte av det. Hvis en person gjør veldedighets arbeide bare som en formalitet, vil hans hjerte bli løftet opp høyere og høyere idet han mottar mer og mer ære. Hvis Gud velsigner en slik person, vil han kanskje se på seg selv som respektabel i Guds øyne. Han vil da ikke omskjære hans hjerte og dette vil derfor bare skade ham. Hvis du gjør veldedighets arbeide for dine naboer gjennom din kjærlighet, vil du ikke bekymre deg om noen andre vet om det eller ikke. Dette er fordi du tror på at Gud Faderen som ser alt det du gjør, vil belønne deg (Matteus 6:3-4).

Veldedighets arbeide gjennom Herren betyr ikke bare det å gi folk fundamentale ting som klær, mat, og et sted å bo. Det har mer med det å levere det åndelige brødet for å redde sjelen. Om de i dag enten tror på Herren eller ikke, er det mange folk som i dag sier at kirkens rolle er å hjelpe de syke, de forsømte, og de fattige. Det er selvfølgelig riktig, men kirkens første forpliktelse er å forkynne evangeliet og redde sjelene slik at de kan motta den åndelige freden. Det endelige målet med veldedighets arbeide ligger i disse målsetningene.

Så når vi derfor hjelper andre, er det veldig viktig at vi gjør veldedighets arbeide riktig gjennom veiledning fra den Hellige Ånd. Hvis en uriktig hjelp blir gitt til en viss person, vil det

32

kanskje bli lettere for denne personen å bare fjerne seg selv lenger fra Gud. I verste tilfelle, vil det kanskje til og med føre ham til døden. Hvis vi for eksempel hjelper de som har blitt fattige på grunn av at de drakk alkohol og gamblet eller de som har vanskeligheter på grunn av at de satte seg opp imot Guds vilje. Dette vil bare føre til at de går lenger og lenger den gale veien. Dette betyr selvfølgelig ikke at vi ikke burde hjelpe de som ikke er troende. Vi burde hjelpe de ikke troende ved å gi dem Guds kjærlighet. Vi må ikke glemme at den viktigste grunnen til veldedighets arbeide er å spre evangeliet.

Når det kommer til de troende som har en svak tro, er det veldig viktig at vi gir dem styrke til deres egen tro vokser opp. Til og med blant de som er troende, kan en noen ganger finne noen som har kongenitale svakheter eller sykdommer og andre som har hatt ulykker som hindrer dem i å forsørge seg selv. Det finnes også eldre som lever alene eller barn som må forsørge hele husholdningen på grunn av foreldrenes fravær. Slike mennesker vil kanskje desperat trenge hjelp. Hvis vi hjelper slike mennesker som virkelig trenger hjelp, da vil Gud gjøre våre sjeler rikere og la alt gå godt for oss.

I 10. kapittel er Kornelius en slik person som trenger velsignelse. Kornelius fryktet Gud og var til stor hjelp for jødene. Han var en centurion, en offiser som hadde en høy rang blant den okkuperte hæren som styrte Israel. Det måtte ha vært vanskelig for ham å hjelpe de innfødte på grunn av hans situasjon. Jødene var sikkert litt mistenksomme på det han gjorde, og hans medarbeidere så også sikkert litt kritisk på det han gjorde. Men siden han fryktet Gud, stoppet han ikke med å hjelpe andre. Gud så alle hans gjerninger og sendte Peter til hans hjem slik at ikke bare hans nærmeste familie, men også alle de som var sammen med ham i hans hjem mottok den Hellige Ånd og frelse.

En må ikke bare gjøre veldedighets arbeide med åndelig kjærlighet, men også gi Gud ofringer. I Markus 12, leser vi om en enke som ble lovprist av Jesus fordi hun ga en ofring fra hele hennes hjerte. Hun ga bare 2 kobber mynter, som var det eneste hun hadde å leve av. Så hvorfor lovpriste Jesus henne? Matteus 6:21 sier, "...for der din skatt er, der vil også ditt hjerte være." Akkurat som det ble sagt, betyr dette at hele hennes hjerte viste seg mot Gud, når enken ga alt det hun hadde. I motsetning vil ofringer som blir gitt motvillig, eller når en tenker på hva andre vil si eller bekymrer seg om deres oppfatninger, ikke tilfredsstille Gud. Slike ofringer vil derfor ikke være til noen fordel for giveren.

La oss nå prate om selvoppofrelse. "Å overgi min kropp for at den skal brennes" vil her bety "å fullstendig ofre seg selv." Ofringer vil vanligvis bli gjort gjennom kjærlighet, men de kan også bli gjort ugyldig gjennom kjærlighet. Så hva er ofringer som blir gjort uten kjærlighet?

Å klage på forskjellige ting etter at en har gjort Guds arbeide er et eksempel på en ofring uten kjærlighet. Det er når du har brukt all din styrke, tid og penger på Guds arbeide, men ingen anerkjenner og roser det, og du vil derfor bli lei deg og klage på det. Det er når du ser dine medarbeidere og føler at de ikke er like ivrige som deg, selv om de sier at de elsker Gud og Herren. Du vil kanskje til og med si til deg selv at de er late. Det er til slutt bare din dom og fordømmelse av dem. En slik holdning vil i all hemmelighet sette et ønske i deg om at dine gode gjerninger burde bli gjort kjent for andre, slik at de kan lovprise deg og for å forhøye din trofaste arroganse. En slik arroganse kan bryte freden blant mennesker og bli hjerteskjærende for Gud. En slik ofring uten kjærlighet har ikke noen hensikt.

Du vil kanskje ikke klage åpenlyst. Men hvis det ikke er noen som anerkjenner din trofasthet, vil du miste troen og tro at du ikke er noe verd og din entusiasme overfor Herren vil bli kjøligere. Hvis noen peker på dine feil eller svake sider gjennom arbeid som du har jobbet veldig hardt med, hvor du har arbeidet så hardt at du til og med til en grad har ofret deg selv, vil du kanskje miste motet og klandre de som kritiserer deg. Når noen får mer utbytte enn deg og blir lovprist og satt høyere enn deg av andre, da vil du bli sjalu og misunnelig på ham. Så samme hvor trofast og lidenskapelig du har vært, kan du ikke få en sann glede inne i deg. Du vil kanskje gi opp dine forpliktelser.

Det finnes også noen som bare er nidkjære når andre ser på. Når andre ikke ser på dem og de ikke lenger blir iakttatt, blir de late og vil gjøre deres arbeide halvhjertet eller feilaktig. Istedenfor å gjøre arbeide som ikke blir sett på utenfra, vil de bare prøve å fullføre arbeidet som er høyt synlig overfor andre. Dette er på grunn av deres ønske om å avsløre seg selv til deres eldre og mange flere slik at de kan lovprise dem.

Så hvis en person tror, hvordan kan han så ofre seg selv uten kjærlighet? Dette er på grunn av mangel på åndelig kjærlighet. De mangler en sans for selvbevissthet ved å tro på det de har i hjertet

Kjærligheten som Gud Ønsker

deres om at det som tilhører Gud er også deres og omvendt.

Sammenlign for eksempel situasjoner hvor en bonde arbeider i hans egen åker og en bondegutt som arbeider på en annen åker for betaling. Når en bonde arbeider i hans egen åker, vil han gjerne arbeide fra morgen til sent på kvelden. Han hopper ikke over noe av arbeidet og han gjør alt arbeide uten feiltakelse. Men for en bondehjelp som arbeider i en åker som tilhører en annen person, vil han ikke gi all hans energi til arbeide, men vil istedenfor ønske at solen skal komme ned så fort som mulig slik at han kan motta hans lønn og dra hjem. Det samme prinsippet gjelder også Guds kongerike. Hvis mennesker ikke har Guds kjærlighet i hjertene deres, vil de overfladisk arbeide for Ham akkurat som den hyrede hjelpen som bare venter på deres lønn. De vil stønne og klage hvis de ikke får den lønnen som de hadde forventet.

Det er derfor Kolossene 3:23-24 sier, "Hva du enn gjør, utfør ditt arbeide med fullt hjerte, for Herren og ikke for menneskene, fordi du vet at du vil motta arvingens belønninger ifra Herren. Det er Herren Kristus som du tjener." Å hjelpe andre mennesker og ofre seg selv uten åndelig kjærlighet har ikke noe med Gud å gjøre, og det betyr at vi ikke kan motta noen belønning fra Gud (Matteus 6:2).

Hvis vi vil ofre oss gjennom et sannferdig hjerte, må vi ha åndelig kjærlighet i vårt hjerte. Hvis vårt hjerte er fylt med en virkelig kjærlighet, kan vi fortsette og gi vårt liv til Herren gjennom alt det vi har, samme om andre anerkjenner oss eller ikke. Akkurat som et stearinlys er tent og skinner i mørket, kan vi overgi alt det vi har. I det Gamle Testamentet helte de blodet og brente kjøttet på ilden på alteret når presten drepte et dyr for å ofre det til Gud som en sonende ofring. Vår Herre Jesus, akkurat som dyret som ble ofret som formildelse for vår synd, mistet dens siste dråpe med blod og vann for å redde alle mennesker fra deres synder. Han viste oss et eksempel på en virkelig ofring.

Hvorfor har Hans ofring blitt virkningsfullt slik at så mange sjeler kunne bli frelst? Dette er fordi Hans ofring kom fra en perfekt kjærlighet. Jesus fullførte Guds vilje til det punkt hvor Han ofret sitt eget liv. Han ofret en meglende bønn for sjelene selv helt på slutten ved korsfestelsen (Lukas 23:34). For denne sannferdige ofringen, løftet Gud Ham opp og ga Ham den mest ærede stillingen i Himmelen.

Så Filipperne 2:9-10 sier, "Derfor har også Gud opphøyet Ham til det høyeste og gitt Ham navnet over alle navn. I Jesu navn skal hvert kne bøye seg, i himmelen, på jorden og under jorden, og hver tunge skal bekjenne at Jesus Kristus er Herre, Gud vår Far til ære!"

Hvis vi kaster bort grådighet og urene begjær og ofrer oss selv gjennom et like rent hjerte som Jesus, da vil Gud opphøye oss og føre oss til en høyere stilling. Vår Herre lover oss i Matteus 5:8, "Velsignet er de som har rene hjerter, for de skal møte Gud." Så vi vil motta velsignelser for å kunne møte Gud ansikt til ansikt.

Kjærlighet som Går Lenger enn Rettferdigheten

Presten Yang Won Sohn blir kalt 'Kjærlighetens Atom Bombe'. Han viste et eksempel på ofringen gjennom den sanne kjærligheten. Han gjorde alt for å ta vare på de spedalske. Han ble også satt i fengsel fordi han nektet å tilbe en japansk helgengrav fra krigen under det japanske styre i Korea. Uansett hans dedikerte arbeide til Gud, måtte han høre på de sjokkerende nyhetene. I oktober 1948 ble to av hans sønner drept av venstrepolitiske soldater i en kamp mot de styrende myndighetene.

Vanlige mennesker ville hatt klaget til Gud og sagt, "hvis Gud lever, hvordan kan Han gjøre dette mot meg?" Man han bare takket for at hans to sønner hadde blitt drept og at de var i Himmelen ved siden av Herren. Han tilga også den opprørende som hadde drept hans to sønner og til og med adopterte ham. Han takket Gud ni ganger ved begravelsen av hans sønner som rørte veldig dypt hjertene til mangfoldige mennesker.

"Først og fremst vil jeg takke for at mine sønner ble martyrer selv om de hadde kommet ifra min blodline, for jeg er veldig full av urettferdighet.

For det andre vil jeg takke Gud fordi Han ga meg disse elskede folkene til å bli min familie blant så mange troende familier.

For det tredje vil jeg takke for at både min første fødte og min andre sønn ble ofret, de som var de beste blant mine tre sønner og tre døtre.

Det er for det fjerde hardt for en sønn å bli en martyr, men for meg å få to sønner som ble martyrer, vil jeg takke så mye.

For det femte er det en velsignelse og kunne dø i fred gjennom troen på Herren Jesus, og jeg vil takke for at de mottok æren av martyrdom ved å bli skutt og drept mens de forkynte evangeliet.

For det sjette forberedte de seg om å dra til Amerika for å studere, og nå har de heller kommet til himmelens kongerike, som er et mye bedre sted enn Amerika. Jeg er lettet og jeg takker så mye.

For det sjuende vil jeg takke til Gud som gjorde det mulig for meg å adoptere fienden som drepte mine sønner, som mitt fosterbarn.

For det åttende vil jeg takke fordi jeg tror det vil bli massevis av frukt ifra Himmelen gjennom martyrdøden av mine to sønner.

For det niende takker jeg til Gud som gjorde det mulig for meg å anerkjenne Guds kjærlighet for å kunne juble selv gjennom slike vanskeligheter."

Fordi Han tok vare på de syke menneskene, forlot ikke Presten Yang Won Sohn Korea selv under krigen. Han ble til slutt drept som en martyr av de kommunistiske soldatene. Han tok vare på de syke pasientene som hadde blitt fullstendig tilsidesatt av de andre, og gjennom godhet tok han vare på hans fiende som hadde drept hans sønner. Han kunne ofre seg selv på en slik måte fordi han var full av den sannferdige kjærligheten fra Gud og andre sjeler.

I Kolossene 3:14 sier Gud til oss, "Og over alt dette: Kle dere i kjærlighet, som er båndet som binder sammen og gjør fullkommen." Selv om vi uttaler vakre ord fra engler og har muligheten til å forkynne og troen til å flytte et fjell, ofrer oss selv for de som trenger oss, er gjerningene ikke noe perfekt i Guds øyne så lenge de ikke er fullført ut av den sannferdige kjærligheten. La oss nå forske litt inn i hver eneste mening i den virkelige kjærligheten for å komme inn i den ubegrensede kjærligheten til Gud.

Kjærlighetens Egenskaper

"Kjærligheten er tålmodig, kjærligheten er velvillig, den misunner ikke, skryter ikke, er ikke hovmodig. Kjærligheten krenker ikke, søker ikke sitt eget, er ikke oppfarende og gjemmer ikke på det onde. Den gleder seg ikke over urett, men har sin glede i sannheten. Kjærligheten utholder alt, tror alt, håper alt, tåler alt."

1. Korinterne 13:4-7

I Matteus 24, kan vi finne en scene hvor Jesus sørget da Han kikket på Jerusalem, siden Han visste at tiden for Hans korsfestelse hadde nærmet seg. Han måtte bli hengt på korset i Guds forsyn, men når Han tenkte på katastrofen som ville skje med jødene og Jerusalem, kunne Han ikke hjelpe for å sørge. Disiplene undret hvorfor og spurte: "Hvilket tegn vil Du gi oss når Du kommer tilbake, og på verdens ende?" (v. 3)

Så Jesus fortalte dem om mange tegn og jamrende sa at kjærligheten ville bli kaldere: "Siden ulovligheter vil øke, vil de fleste menneskers kjærlighet bli kaldere" (v. 12).

Vi kan i dag med sikkerhet føle at menneskers kjærlighet har blitt kaldere. Mange mennesker søker etter kjærlighet, men de vet ikke hva en sann kjærlighet er, det vil si hva en åndelig kjærlighet er. Vi kan ikke ha en sann kjærlighet bare på grunn av at vi vil ha det. Vi kan begynne å få det idet vi får Guds kjærlighet i vårt hjerte. Da kan vi begynne å forstå hva det er og også begynne å kaste bort ondskapen fra vårt hjerte.

Romerne 5:5 sier, "...og håpet skuffer ikke, for Guds kjærlighet er utløst i våre hjerter ved den Hellige Ånd som Han har gitt oss." Akkurat som det ble sagt, kan vi føle Guds kjærlighet gjennom den Hellige Ånd i vårt hjerte.

Gud forteller oss om hver av egenskapene fra den åndelige kjærligheten i 1. Korinterne 13:4-7. Guds barn må lære om dem og praktisere dem slik at de kan bringe kjærlighet til mennesker slik at de kan føle den åndelige kjærligheten.

1. Kjærlighet er Tålmodig

Hvis en ikke har mye tålmodighet, blant alle andre egenskaper til den åndelige kjærligheten, kan han lett gjøre andre motløse. Hva hvis en sjef ber en om å gjøre et visst arbeide, og denne personen ikke gjør jobben riktig. Sjefen vil hurtig gi arbeidet til noen andre slik at de kan gjøre det ferdig. Den opprinnelige personen som gjorde arbeide vil kanskje bli fortvilet siden han ikke fikk en annen sjanse for å gjøre det riktig. Gud har satt 'tålmodighet' som den første egenskapen av åndelig kjærlighet fordi det er den mest fundamentale egenskapen for kultivasjonen av åndelig kjærlighet. Hvis vi har kjærlighet, er ventingen ikke kjedelig.

Så fort vi innser Guds kjærlighet, vil vi prøve å dele denne kjærligheten med menneskene rundt oss. Når vi noen ganger prøver å elske andre på denne måten, vil vi få motsatte reaksjoner fra mennesker som virkelig vil såre oss eller gi oss store sorger eller ødelegge oss. Disse menneskene vil ikke lenger virke kjærlige, og vi kan ikke lenger forstå dem. For å ha en åndelig kjærlighet, trenger vi å ha tålmodighet med og til og med elske disse menneskene. Selv om de baktaler oss, hater oss, eller prøver å gi oss vanskeligheter uten grunn, må vi kontrollere vårt sinn slik at vi kan være tålmodige og elske dem.

Et kirkemedlem spurte meg en gang om å be for hans kones depresjoner. Han sa også at han var en fyllik og så fort han begynte å drikke ville han bli en helt annen person og være veldig vanskelig overfor hans familiemedlemmer. Hans kone var midlertidig veldig tålmodig med ham hver eneste gang og prøvde å dekke over hans feil med kjærlighet. Men hans vaner endret seg aldri, og ettersom tiden gikk ble han en alkoholiker. Hans kone mistet hennes livsstyrke og ble overvunnet av depresjon.

Han gjorde det så vanskelig for hans familie på grunn av hans drikking, men han kom for å motta mine bønner fordi han fremdeles elsket hans kone. Etter at jeg hadde hørt på ham, sa jeg til ham, "Hvis du virkelig elsker din kone, hvorfor er det så vanskelig for deg å stoppe å drikke alkohol og røyke?" Han sa ikke noe og det virket som han ikke hadde mye selvtillit. Jeg var lei meg for hans familie. Jeg ba for at hans kone skulle bli helbredet av depresjonen, og jeg ba for at han skulle motta makten til å slutte å drikke og røyke. Guds makt var utrolig! Han kunne nå stoppe og tenke på alkohol rett etter at han mottok bønnen. Før dette hadde han ikke hatt noen sjanse til å stopp å drikke, men nå sluttet han med det samme så fort han mottok bønnen. Hans kone ble også helbredet av depresjonen.

Det å Være Tålmodig er Begynnelsen på Åndelig Kjærlighet

For å kultivere den åndelige kjærligheten må vi være tålmodige med andre i alle slags situasjoner. Lider du av ubehag gjennom din iherdighet? Eller som tilfelle var med konen i fortellingen, blir du motløs hvis du har vært tålmodig lenge og situasjonen ikke blir noe bedre? Så før vi klandret omstendighetene eller andre

45

mennesker må vi først sjekke vårt eget hjerte. Hvis vi fullstendig har kultivert sannheten i vårt hjerte, finnes det ikke noen situasjon hvor vi ikke kan være tålmodige. Hvis vi nemlig ikke kan være tålmodige betyr dette at vi fremdeles har ondskap i vårt hjerte, som kommer fra usannhet, til den samme grad hvor vi mangler tålmodighet.

Å være tålmodige betyr at vi er tålmodige med oss selv og alle vanskelighetene som vi møter når vi prøver å vise den sanne kjærligheten. Det kan være vanskelige situasjoner når vi prøver å elske alle ved å adlyde Guds Ord, og det er tålmodigheten til den åndelige kjærligheten å være tålmodig i alle disse situasjonene.

En slik tålmodighet er forskjellig fra tålmodigheten fra de ni fruktene fra den den Hellige Ånd i Galaterne 5:22-23. Hvordan er dette annerledes? "Tålmodigheten" som er en av de ni fruktene fra den Hellige Ånd ber oss om å være tålmodige med alt for Guds kongedømme og rettferdighet, mens tålmodigheten i den åndelige kjærligheten er å være tålmodig for å kultivere åndelig kjærlighet, og det har derfor en mindre og mer spesiell mening. Vi kan si at den ligger inne i tålmodigheten som er en av de ni

Tålmodighet som i de Ni Fruktene til den Hellige Ånd	1. Det er å kaste vekk alle løgnene å kultivere hjerte gjennom sannheten 2. Det er å forstå andre, søke etter deres gagn, og holde fred med dem 3. Det er å motta svar på bønner, frelse, og ting som Gud har lovet

fruktene til den Hellige Ånden.

Mennesker vil veldig lett anbringe rettsaker imot hverandre selv etter den minste skade av deres eiendom eller velvære. Det finnes en strøm av rettsaker blant folk. Mange ganger anlegger de til og med sak mot deres egen kone eller mann, eller til og med deres egne foreldre eller barn. Hvis du er tålmodig med andre, da vil mennesker kanskje håne deg for å være en dumming. Men hva sier Jesus?

Det står i Matteus 5:39, "Men Jeg sier dere: 'Sett dere ikke til motverge mot den som gjør ondt mot dere. Om noen slår deg på høyre kinn, så vend også det andre til'," og i Matteus 5:40, "Vil noen saksøke deg og ta skjorten din, så la ham få kappen også."

Jesus ber oss ikke bare tilbakebetale ondskap med ondskap, men om også å bli tålmodig. Han ber oss også om å gjøre gode ting for mennesker som er onde. Vi vil kanskje tenke, 'Hvordan kan vi gjøre gode ting for dem hvis vi er sinte og såret?' Hvis vi har troen og kjærligheten, kan vi godt kunne gjøre det. Det er troen gjennom Guds kjærlighet som har gitt oss Hans eneste Sønn som forsoning for våre synder. Hvis vi har tro på at vi har mottatt en slik kjærlighet, da kan vi tilgi selv de menneskene som ga oss store lidelser og skader. Hvis vi elsker Gud som har elsket oss til det punkt hvor Han er villig til å gi sin egen Sønn for oss, og hvis vi elsker Herren som har gitt oss Hans liv, da vil vi kunne elske alle og hvem som helst.

Tålmodighet uten Grenser

Noen mennesker demper deres hat, sinne, eller sinn og andre negative følelser til de til slutt når en grense hvor deres tålmodighet til slutt vil eksplodere. Noen innadvendte personer vil ikke lett uttale seg, men vil bare lide innerst inne, og dette vil føre til ufordelaktige helse tilstander på grunn av for mye stress. Slike pasienter er akkurat som når en presser en metall fjær ned med dine hender. Hvis du tar vekk hånden, vil den sprette tilbake og hoppe opp.

Den tålmodigheten som Gud vil vi skal ha er å være tålmodig helt til slutten uten noen endring av vår holdning. For å være mer nøyaktig, behøvde vi ikke engang å være mer tålmodig med noe hvis vi har en slik tålmodighet. Vi ville ikke samle opp hat og bitterhet i hjertene våre, men fjerne den opprinnelige ondskapsfulle egenskapen som forårsaker slike onde følelser og endre det til kjærlighet og barmhjertighet. Dette er den vesentlige delen av den åndelig meningen med tålmodighet. Hvis vi ikke har noen ondskap i hjertene våre, men bare en fullstendig åndelig kjærlighet, er det ikke vanskelig å til og med elske våre fiender. Vi kan egentlig ikke tillate noen fiendtlighet i første omgang.

Hvis vårt hjerte er fullt av hat, krangling, misunnelse, og sjalusi, vil vi først se de negative tingene med andre mennesker, selv om de egentlig har gode hjerter. Det er akkurat som når du har på deg solbriller og alt ser mørkere ut. Men hvis på den annen side våre hjerter er fulle av kjærlighet, da vil til og med folkene som er onde, fremdeles se gode ut. Samme hvilke svakheter, mangler, feil eller utilstrekkeligheter de kanskje har, ville vi ikke hate dem. Selv om de hatet oss og var onde imot oss, ville vi ikke hate dem tilbake.

Tålmodighet ligger også i Jesus hjerte, Han som ikke brekker et skadet strå eller slukker en glødende veke. Det ligger i hjertet til Stefan som ba selv for de som steinet ham og sa, "Herre, hold ikke denne synden imot dem!" (Apostlenes Gjerninger 7:60) De steinet ham bare fordi han forkynte evangeliet til dem. Var det vanskelig for Jesus å elske synderne? Ikke i det hele tatt! Det er fordi Han har selve sannhetens hjerte.

En dag spurte Peter Jesus et spørsmål. "Herre, hvor ofte skal min bror synde imot meg og jeg tilgi ham? Opp til sju ganger?" (Matteus 18:21) Da sa Jesus, "Jeg sier ikke til dere, opp til sju ganger, men opp til sju ganger sytti" (v. 22).

Dette betyr ikke at vi bare skal tilgi sju ganger sytti ganger, som er 490 ganger. Sju i det åndelige symboliserer fullkommenhet. Så for å tilgi sju ganger sytti ganger vil dette svare til en perfekt tilgivelse. Vi kan føle Jesus grenseløse tilgivelse.

Tålmodighet som Fullfører Åndelig Kjærlighet

Det er selvfølgelig ikke lett å flytte vårt hat til kjærlighet over natten. Vi må være tålmodige i lang tid, uten stopp. Efeserne 4:26 sier, "Vær sinte, men synd ikke; la ikke solen sette seg på ditt sinne."

Her står det 'vær sint' når de prater om de med svak tro. Gud forteller disse menneskene at selv om de blir sinte på grunn av deres mangel på tro, må de ikke holde på deres sinne til

49

solnedgang, det vil si 'for en lang tid', men bare la disse følelsene forsvinne. Innenfor hvert menneskes måling av troen, kan han forandre hans hjerte til et sant hjerte og den åndelige kjærligheten vil vokse i hans hjerte litt etter litt hvis han prøver å kaste bort disse følelsene med tålmodighet og utholdenhet, selv om en person kanskje har vanskelige følelser som oppstår, eller sinne som kommer fra hans hjerte.

Men for den syndige naturen som har satt dype røtter i ens hjerte, kan en person kaste det bort ved å be iherdig gjennom den fullkommende Hellige Ånd. Det er veldig viktig at vi prøver å se på de menneskene som vi ikke liker med gunstighet og vise dem gode gjerninger. Når vi gjør dette, vil hatet i vårt hjerte ganske straks forsvinne, og vi vil da kunne elske disse menneskene. Vi vil ikke ha konflikter og vi vil ikke hate noen. Vi vil også kunne leve et lykkelig liv i Himmelen akkurat som Herren fortalte, "Se, Guds kongerike er blant deres" (Lukas 17:21).

Mennesker sier at det er akkurat som om de er i Himmelen når de er lykkelige. Det vil si at når himmelens kongerike er blant dere vil dette referere til at du har kastet vekk all usannheten fra ditt hjerte og har fylt det med sannhet, kjærlighet og godhet. Da behøver du ikke å være tålmodig, fordi du er også lykkelig og jublende og full av nåde, og fordi du elsker alle rundt deg. Jo mer ondskap du har blitt kvitt og jo mer godhet du har fullført, jo mindre tålmodig trenger du å være. Like mye åndelig kjærlighet som du fullfører, vil du ikke behøve å være tålmodig og undertrykke dine følelser; du vil kunne tålmodig og fredsomt vente på at andre skal endre seg gjennom kjærligheten.

I Himmelen finnes det ingen tårer, ingen sorg, og ingen

smerter. Siden det ikke finnes noen ondskap i det hele tatt men bare godhet og kjærlighet i Himmelen, vil du ikke hate noen, bli sint på eller være hissig på noen. Så du behøver ikke å holde tilbake og holde i sjakk dine følelser. Vår Gud trenger selvfølgelig ikke å ha tålmodighet med noe fordi Han er selv kjærligheten. Grunnen til at Bibelen sier at 'kjærlighet er tålmodig' er fordi, som mennesker, vi har en sjel og tanker og et mentalt rammeverk. Gud vil gjerne hjelpe mennesker til å forstå. Jo mer ondskap du har blitt kvitt og jo mer godhet du har fullført, det mindre tålmodighet trenger du å ha.

Gjøre Fienden til en Venn gjennom Tålmodighet

Abraham Lincoln, den sjette presidenten i Amerika, og Edwin Stanton var ikke på godfot når de var advokater. Stanton kom fra en rik familie og fikk en god utdannelse. Lincolns far var en fattig skomaker og han avsluttet ikke engang barneskolen. Stanton baktalte Lincoln grovt. Men Lincoln ble aldri sint, og svarte ham aldri fiendtlig tilbake.

Etter at Lincoln ble valgt til president, utpekte han Stanton som Krigssekretær, som var en av de viktigste stillingene i regjeringen. Lincoln visste at Stanton var den riktige personen. Når Lincoln senere ble skutt i Ford Teateret, sprang de fleste mennesker vekk for å redde deres egne liv. Men Stanton sprang rett til Lincoln. Når han holdt Lincoln i hans armer og med hans øyne fulle av tårer, sa han, "Her ligger verdens beste menneske. Han er historiens beste leder."

Tålmodigheten i den åndelige kjærligheten kan få mirakler til å omvende fiender til venner. Matteus 5:45 sier, "...slik kan dere være barn av deres far i himmelen. For Han lar sin sol gå opp over onde og gode og lar det regne over rettferdige og urettferdige."

Gud er til og med tålmodig med mennesker som er onde, fordi Han vil at de en dag skal omvende seg. Hvis vi behandler onde mennesker med ondskap, betyr dette at også vi er onde, men hvis vi er tålmodige og elsker dem ved å kikke opp til Gud som vil belønne oss, vil vi senere motta vakre oppholdssteder i Himmelen (Salmenes bok 37:8-9).

2. Kjærlighet er Vennlig

Blant Esops Sagaer finnes det en fortelling om solen og vinden. En dag holdt solen og vinden et veddemål på hvem som ville bli den første til å få en forbipasserende til å fjerne dens frakk. Vinden begynte først, og blåste triumferende opp og sendte ut en sterk nok vind til å blåse over et tre. Mannen slo bare kappen tettere rundt seg. Deretter kom solen ut og smilte og begynte forsiktig å sende ut varme solstråler. Idet temperaturen varmet seg opp, begynte mannen å føle seg varm og tok til slutt av seg frakken.

Denne fortellingen gir oss en veldig god lære. Vinden prøvde å tvinge mannen til å ta av seg frakken, men solen fikk mannen til å ta av seg frakken frivillig. Vennlighet er nesten det samme. Vennlighet er å røre ved og få andres hjerte gjennom godhet og kjærlighet og ikke gjennom fysisk makt.

Vennlighet Aksepterer Alle Slags Personer

Han som har vennlighet kan akseptere alle personer, og mange mennesker kan hvile ved hans side. En ordboks betydning av vennlighet er 'vennlighetens kvalitet eller tilstanden' og være vennlig er å ha en beherskende natur. Hvis du tenker på et stykke bomull, kan du bedre forstå vennlighet. Bomull vil ikke lage noen lyder selv om andre ting rammer det. Det vil bare omfavne alle gjenstander.

Et vennlig menneske er også i likhet med et tre hvor mange mennesker kan hvile seg. Hvis du går under et stort tre en varm sommer dag for å unngå den sterke varmen, vil du føle deg mye bedre og kjøligere. Mange mennesker vil også på samme måte gjerne holde seg sammen med denne personen og hvile, hvis denne personen har et godt hjerte.

Vanligvis når en mann er så snill og vennlig at han ikke blir sint med noen som plager ham, og insisterer ikke på hans egne meninger, sies det at han er en ydmyk og god hjertet person. Men samme hvor snill og godhjertet han er, kan han ikke bli sett på som å være virkelig vennlig hvis denne godheten ikke blir anerkjent av Gud. Det er noen som godt adlyder andre fordi deres natur er svak og konservative. Det er andre som holder tilbake deres sinne selv om tankene deres er opprørt på grunn av at andre gjør det vanskelig for dem. Men de kan ikke bli sett på som vennlige. Mennesker som bare har kjærlighet og ikke noen ondskap i hjertene deres vil akseptere og holde ut ondskapen med åndelig ydmykhet.

Gud Liker Åndelig Vennlighet

Åndelig vennlighet er resultatet av den åndelige kjærlighetens fullhet som ikke har noen ondskap. Med en slik åndelig vennlighet vil du ikke kunne stå opp imot noen men bare akseptere ham, samme hvor stor en kjeltring han er. Du vil også holde det ut fordi du er klok. Men vi må huske på at vi ikke kan bli sett på som gode bare på grunn av at vi betingelsesløst forstår og tilgir andre og er vennlige mot alle. Vi må også være rettferdige, ha verdighet og myndighet for å kunne lede og ha innflytelse på andre. Så et snilt åndelig menneske er ikke bare barmhjertig, men er også klok og oppriktig. En slik person vil leve et eksemplarisk liv. For å være mer bestemt angående den åndelige vennligheten, betyr det å innvendig ha et ydmykt hjerte samtidig som en utvendig er generøs.

Selv om vi har et godt hjerte uten ondskap og bare godhet, kan ydmykheten alene ikke få oss til å gripe fatt i og ha en positiv innflytelse på andre hvis vi bare har en innvendig godhet. Så når vi ikke bare er i besittelse av en indre godhet, men også har en utvendig generøs egenskap, da kan vår godhet bli perfekt og vi kan vise andre en større makt. Hvis vi er generøse og har et vennlig hjerte, da kan vi ta til oss mange menneskers hjerte og fullføre mye mer.

En kan vise en sann kjærlighet overfor andre når han har et godt og vennlig hjerte, er full av medlidenhet, og har rettskaffen generøsitet for å føre andre den rette veien. Da kan han lede mange sjeler imot frelse, som er den riktige veien. Den innvendige vennligheten kan ikke skinne sitt lys uten den utvendige rettskafne generøsiteten. La oss nå først kikke på hva vi burde gjøre for å kultivere den indre vennligheten.

Standarden hvor en Måler den Indre Vennligheten med er Helliggjørelse

For å kunne oppnå vennlighet, må vi først og fremst bli kvitt ondskapen ifra vårt hjerte og bli renset. Et vennlig hjerte er akkurat som bomull, og selv om noen handler aggressivt, vil den ikke lage noen lyd, men bare ta imot denne personen. Et vennlig hjerte har ingen ondskap og han har ingen konflikter med noen annen person. Men hvis vi har et skarpt hatende, sjalu og misunnelig hjerte eller et hardt hjerte med selvrettferdighet og urokkelig selvutfoldelse, er det vanskelig for oss å ta imot andre.

Hvis en stein faller ned og treffer en annen stein eller en tykk metall bit, vil den lage en lyd og sprette av. Det er på samme måte hvis vårt kjødelige selv fremdeles er i live. Da vil vi avsløre våre ukomfortable følelser selv om andre bare vil forårsake det minste ubehag. Når en anerkjenner mennesker som har en ufullkommen karakter og andre feil, vil vi kanskje ikke dekke for dem, beskytte dem eller forstå dem, men vi vil kanskje istedenfor dømme, fordømme, sladre og baktale dem. Dette vil da bety at vi er som små kar, som vil oversvømme hvis vi prøver å sette noe inne i det.

Det er et lite hjerte som er fylt med så mange skitne ting at det ikke har noe mer rom til å akseptere noe annet. Vi vil kanskje føle oss fornærmet hvis andre peker ut våre feil. Eller vi vil kanskje tenke at de prater om oss og undre på hva de prater om, hvis vi ser andre hviske. Vi vil kanskje til og med dømme andre fordi de kaster et blikk på oss.

Å ikke ha noen ondskap i hjertet er en grunnleggende tilstand om å kultivere vennlighet. Grunnen er at når det ikke finnes noen ondskap, da kan vi verne om andre i vårt hjerte og vi kan se dem gjennom godhet og kjærlighet. En vennlig person ser hele tiden på andre med barmhjertighet og medlidenhet. Han har ingen hensikt med å dømme eller fordømme andre; han vil bare prøve å forstå andre gjennom kjærlighet og godhet, og til og med onde menneskers hjerter vil smelte på grunn av denne varmen.

Det er spesielt viktig at de som lærer og leder andre må være helliggjort. De vil bruke deres egne kjødelige tanker ifølge hvor mye ondskap de har. I den samme grad kan de ikke riktig innse situasjonen i flokken, og derfor ikke kunne lede sjelene til de grønne åkrene eller stilne vannet. Vi kan motta ledelsen fra den Hellige Ånd og forstå situasjonen i flokken riktig for å lede dem på beste måte bare når vi har fullstendig blitt helliggjort. Gud kan også bare anerkjenne de som har blitt fullstendig frelst, til å være sannferdige. Forskjellige mennesker har forskjellige standarder angående hva slags mennesker som er vennlige. Men vennligheten i menneskenes syn og det i Guds syn er forskjellig fra hverandre.

Gud Anerkjenner Moses Barmhjertighet

I Bibelen ble Moses anerkjent av Gud for hans barmhjertighet. Vi kan lære hvor viktig det er å være anerkjent av Gud fra 4. Mosebok 12. kapittel. Moses bror Aaron og hans søster Miriam hadde en gang kritisert Moses fordi han giftet seg med en Cashete kvinne.

4. Mosebok 12:2 sier, "...og de sa, 'Har HERREN virkelig bare talt gjennom Moses? Har Han ikke talt gjennom oss også?' Og HERREN hørte dette."

Hva sa Gud om det de sa? "Jeg taler med Ham ansikt til ansikt, klart og tydelig, ikke i gåter; HERRENs skikkelse ser Han. Hvordan kunne dere våge å tale mot Moses, Min tjener?" (4. Mosebok 12:8)

Aaron og Miriams dømmende kommentarer om Moses gjorde Gud rasende. Miriam ble på grunn av dette spedalsk. Aaron var akkurat som en talsmann for Moses og Miriam og var også en av lederne i menigheten. Siden de trodde at også de var elsket og anerkjent av Gud, kritiserte de Gud på grunn av det, når de trodde at Moses gjorde noe galt.

Gud aksepterte ikke at Aaron og Miriam dømte og satte seg opp imot Moses på grunn av deres egne synspunkter. Hva slags menneske var Moses? Han ble anerkjent av Gud som den mest ydmyke og barmhjertige blant alle her på jorden. Han var også trofast i alle Guds hus, og Gud stolte så mye på ham på grunn av dette at han til og med kunne prate med Ham ansikt til ansikt.

Hvis vi kikker på prosessen av israelerne som rømte ifra Egypt og dro inn til landet Kanaan, da kan vi forstå hvorfor Gud anerkjennelse av Moses var så høy. Menneskene som kom ut fra Egypt syndet om og om igjen, og satte seg opp imot Guds vilje. De klaget på Moses og klandret ham for selv de minste vanskeligheten, og dette var det samme som å klage på Gud. Hver gang de klaget, ba Moses om Guds barmhjertighet.

Det var en begivenhet som veldig drastisk viste Moses vennlighet. Mens Moses var oppe på fjellet Sinai for å motta budskapene, laget folket et idol – en kalv ut av gull – og de spiste, drakk og koset seg selv i all utilfredshet mens de tilba den. Egypterne tilba guden som en okse og som en ku, og imiterte slike guder. Gud hadde vist dem så mange ganger at Han var sammen med dem, men de viste ikke noe tegn på omvendelse i det hele tatt. Til slutt falt Guds vrede på dem. Men i dette øyeblikket gikk Moses til kamp for dem og satte opp sitt eget liv som kausjon: "Å, om Du ville tilgi dem deres synd! Kan Du ikke, så stryk meg ut av boken som Du skriver i!" (2. Mosebok 32:32)

'Din bok som Du har skrevet' refererer til livets bok som

registrerer navnene til de som har blitt frelst. Hvis ditt navn er hvisket vekk ifra livets bok, da kan du ikke bli reddet. Det betyr ikke bare at du ikke vil motta frelse, men det betyr at du også må lide i all evighet i Helvete. Moses kjente veldig godt til livet etter døden, men han ville gjerne redde menneskene selv om han måtte gi opp sin egen frelse for dem. Et slikt hjerte som Moses hadde var veldig likt Guds hjerte som ikke ville at noe skulle forsvinne.

Moses Kultiverte Barmhjertighet gjennom Prøvelser

Moses hadde selvfølgelig ikke en slik barmhjertighet fra begynnelsen av. Selv om han var en hebreer, hadde han blitt oppdratt som en sønn av en egyptisk prinsesse og hadde ikke manglet noe. Han fikk en veldig høy utdannelse med egypternes kunnskap og kampdyktigheter. Han var også veldig stolt og selvgod. Da han en dag så en egypter slå en hebreer drepte han egypteren på grunn av hans selvgodhet.

På grunn av dette ble han en flyktning over natten. Heldigvis ble han en hyrde i villmarken ved hjelp av en prest i Midian, men da hadde han mistet alt. Å ta seg av flokken er noe som egypterne ser på som veldig uanselig. I førti år måtte han gjøre noe som han før hadde sett ned på. I mellomtiden ydmykte han seg selv fullstendig, innså mange ting angående Guds kjærlighet og livet.

Gud tilkalte ikke Moses, prinsen fra Egypt, for å bli israelernes leder. Gud tilkalte hyrden Moses som ydmykte seg selv gang etter gang selv etter at Gud hadde kalt på ham. Han ydmykte seg selv fullstendig og kastet vekk ondskapen fra hans hjerte gjennom prøvelser, og kunne av denne grunnen lede mer enn 600,000 mennesker ut av Egypt og til landet Kanaan.

Så det viktigste med å kultivere vennlighet er at vi må kultivere godhet og kjærlighet ved å ydmyke oss selv overfor Gud gjennom prøvelsene som vi har tillatelse til å gå igjennom. Omfanget av vår ydmykhet har også en stor betydning i vår vennlighet. Hvis vi er tilfredsstilt med vår nåværende måte å tenke på, og synes at vi har kultivert sannheten til en viss grad, at vi blir anerkjent av andre som i Aaron og Miriams tilfelle, vil vi bare bli mer arrogante.

Rettskaffen Generøsitet Gjør den Åndelige Barmhjertigheten Perfekt

For å kunne kultivere en åndelig barmhjertighet må vi ikke bare bli renset ved å kaste fra oss hver eneste form for ondskap, men vi må også kultivere den rettskafne generøsiteten. En rettskaffen generøsitet er å i stor grad forstå og rettferdig akseptere andre; å gjøre de riktige tingene ifølge menneskenes forpliktelser; og det er å ha egenskapen til å tillate andre å gi fra seg deres hjerter, ved å forstå deres svakheter og akseptere dem, ikke gjennom fysisk makt. Mennesker som dette har nok kjærlighet til å gi andre fortrolighet og tillit.

Rettskaffen generøsitet er akkurat som klærne som mennesker har på seg. Samme hvor gode vi er innvendig, vil vi bli sett ned på av andre, hvis vi er nakne. På samme måte kan vi ikke virkelig vise hvor gode vi er hvis vi ikke har den rettskafne generøsiteten samme hvor vennlige vi er. En person kan for eksempel være barmhjertig innvendig, men han sier mange unødvendige ting når han prater med andre. En slik person har ikke onde hensikter når han gjør det, men han kan ikke virkelig motta andres tillit fordi han ikke virker godt oppdratt eller utdannet. Noen mennesker har ingen dårlige følelser fordi de har barmhjertighet, og de vil ikke skade noen. Men hvis de ikke aktivt hjelper andre eller tar vare på andre forsiktig, er det vanskelig for dem å motta hjertene til mange mennesker.

Blomster som ikke har vakre farger eller god lukt kan ikke tiltrekke noen bier eller sommerfugler, selv om de har mye nektar. Hvis vi på samme måte er snille og vi kan vende det andre kinne hvis noen slår oss på det ene kinnet, kan vår vennlighet ikke virkelig skinne hvis vi ikke har en rettskaffen generøsitet i det vi sier og det vi gjør. En kan oppnå virkelig barmhjertighet og folk kan bare se dens sanne verdi når den indre vennligheten har på seg den ytre vennligheten.

Josef hadde en slik rettskaffen generøsitet. Han var den ellevte sønnen til Jakob, israelernes far. Josef var hatet av hans brødre og ble solgt som en slave i Egypt mens han var veldig ung. Men ved Guds hjelp ble han statsminister for Egypt når han var tretti år gammel. Egypt var på denne tiden en veldig sterk nasjon som lå rundt Nilen. Den var en av de fire største 'hoved sivilisasjonene'. Både herskerne og folkene var veldig stolte av seg selv, og det var ikke lett i det hele tatt å bli statsminister for en utlending. Hvis han hadde hatt en eneste feil, ville han måttet trekke seg med det samme.

61

Men selv i en slik situasjon styrte Josef Egypt veldig godt og klokt. Han var snill og ydmykende, og han hverken sa eller gjorde noe galt. Han hadde også som en hersker kunnskap og verdighet. Hans makt var bare nummer to etter kongen, men han prøvde ikke å dominere folket eller vise seg overfor dem. Han var streng overfor seg selv, men han var veldig generøs og mild imot andre. Kongen og andre statsrådsmenn behøvde ikke å ha noe forbehold eller være forsiktige på grunn av ham eller være sjalue på ham; de stolte fullt og fast på ham. Vi kan konkludere dette faktum ved å se på hvor varmt egypterne tok imot familien til Josef, som hadde flyttet fra Egypt til Kanaan for å flykte ifra fattigdommen.

Josefs Barmhjertighet Ble Fullført gjennom Rettskaffen Generøsitet

Hvis en har en rettskaffen generøsitet, vil dette bety at han har et stort hjerte, og han vil ikke dømme og fordømme andre gjennom hans egne tanker selv om han selv sier og gjør hederlige ting. Denne egenskapen fra Josef var godt representert når hans bror, som hadde solgt ham til Egypt som slave, kom til Egypt for å få mat.

I begynnelsen kjente ikke brødrene igjen Josef. Dette er ganske forståelig siden de ikke hadde sett ham på mer enn tjue år. Og de kunne heller ikke ha forestilt seg at Josef ville blitt statsminister i Egypt. Hva følte så Josef da han så sine brødre som nesten hadde drept ham og til slutt solgte ham til Egypt som slave? Han hadde makten til å la dem betale for deres synder. Men Josef ville ikke ta hevn. Han gjemte sin identitet og prøvde dem et par ganger for å se om hjertet deres var det samme som det hadde vært før i tiden.

Josef ga dem egentlig en sjanse til å selv angre på deres synder overfor Gud, fordi synden ved å planlegge drap og selge ens egen bror som en slave til et annet land var ikke bare smått. Han hverken tilga dem eller straffet dem helt tilfeldig, men han førte situasjonen på en måte hvor brødrene selv kunne angre på deres egne synder. Bare etter at brødrene til slutt husket på hva de hadde gjort og angret, avslørte Josef hvem han var.

På dette tidspunktet ble brødrene hans redde. Livene deres lå i broren deres Josefs hender som nå var statsminister i Egypt, den sterkeste nasjonen på denne tiden. Men Josef hadde ikke noe ønske om å spørre dem om hvorfor de hadde gjort det de hadde gjort. Han truet dem ikke ved å si, "Dere skal nå betale for deres synder." Men han prøvde heller å trøste dem og berolige dem. "Men nå skal dere ikke være bedrøvet eller urolige fordi dere solgte meg hit. Det var jo for å berge liv at Gud sendte meg i forveien for dere" (1. Mosebok 45:5).

Han vedkjente det faktum at alt hadde ligget i Guds planer. Josef tilga ikke bare fullstendig hans brødre, men han trøstet dem også gjennom hans rørende ord, og forstod helt hva de hadde gjort. Dette betyr at Josef gjorde noe som til og med kunne berøre ved fiendene, som er den utvendige rettskafne generøsiteten. Josefs vennlighet sammen med den rettskafne generøsiteten var en slags makt for å redde så mange liv inne i og rundt Egypt, og grunnlaget for å utføre Guds utrolige plan. Akkurat som det hittil har blitt forklart, er den utvendige rettskafne generøsiteten et

63

utrykk for den innvendige vennligheten, og den kan ta til seg hjertet til mange mennesker og vise stor makt.

Frelse Er Nødvendig for å Ha Rettskaffen Generøsitet

Akkurat som en kan oppnå en indre vennlighet gjennom frelse, kan en også kultivere rettskaffen generøsitet når vi kaster vekk ondskapen og blir frelst. Selv om en ikke er frelst, vil han selvfølgelig kunne vise en rettskaffen og generøs handling til en viss grad gjennom utdannelse eller fordi han har blitt født med et stort hjerte. Men en sann rettskaffen generøsitet kan komme fra et hjerte som ikke har noen ondskap og som bare kan komme fra sannheten. Hvis vi vil kultivere den rettskafne generøsiteten fullstendig, er det ikke nok bare å dra ut de onde røttene i hjertet vårt. Vi må også kaste vekk sporene av ondskapen (1. Tessalonikerne 5:22).

Det ble sagt i Matteus 5:48, "Du skal derfor være perfekt akkurat som din himmelske Far." Når vi kar kastet bort all slags ondskap fra hjertet og også blitt uklanderlig i det vi sier, våre gjerninger, og oppførsler, da kan vi kultivere en vennlighet slik at mange mennesker kan stole på oss. Av denne grunnen må vi ikke bli tilfredsstilte når vi til slutt har nådd nivået hvor vi kaster vekk ondskap som hat, misunnelse, sjalusi, arroganse og ved å være snarsint. Vi må også til og med ta vekk små kroppslige ugjerninger og vise sanne gjerninger gjennom Guds Ord og iherdige bønner, og ved å motta ledelse fra den Hellige Ånd.

64

Hva er kroppens ugjerninger? Romerne 8:13 sier, "...for hvis du lever ifølge det kjødelige, da må du dø; men hvis gjennom Ånden du dreper de kroppslige gjerningene, da vil du leve."

Kroppen refererer ikke her bare til vår fysiske kropp. Kroppen vil åndelig referere til menneske kroppen etter at sannheten har rent ut av ham. Kroppens gjerninger refererer derfor til gjerningene som kommer ifra usannhetene som har fylt de mennesker som har blitt kjødelige. Kroppens gjerninger innebærer ikke bare den synlige synden, men også alle slags feilaktige gjerninger eller handlinger.

Jeg hadde hatt en rar erfaring før i tiden. Når jeg rørte ved en ting, følte jeg det som om jeg hadde fått et elektrisk sjokk og jeg ville rykke til hver gang. Jeg ble redd for å røre på noe. Når jeg rørte på noe etter dette, hadde jeg naturligvis et bedende sinn bedende for Herren. Jeg følte ikke dette hvis jeg tok på tingene veldig forsiktig. Når jeg åpnet døren holdt jeg på dørklinken veldig forsiktig. Jeg måtte være veldig forsiktig til og med når jeg tok kirkemedlemmene i hånden. Dette fenomenet varte i flere måneder, og jeg ble veldig forsiktig med alt det jeg gjorde. Senere forstod jeg at Gud hadde gjort mine kroppslige gjerninger perfekte gjennom slike erfaringer.

Dette kan kanskje bli sett på som noe lite, men ens oppførsel er veldig viktig. Noen mennesker vil hele tiden ha fysisk kontakt med andre når de ler eller prater med mennesker som står ved siden av dem. Noen har veldig høye stemmer samme hvor de er eller hvilken tid det er og vil gjøre det ubehagelig for andre. Det er ikke noe galt med en slik oppførsel, men de er fremdeles kroppens

65

feilaktige ugjerninger. De som har en rettskaffen generøsitet har oppriktig oppførsel i deres daglige liv, og mange mennesker vil gjerne kunne roe seg med dem.

Endring av Hjertets Egenskap

Deretter må vi kultivere egenskapen i vårt hjerte for å kunne få en rettskaffen generøsitet. Hjertets egenskap refererer til størrelsen av hjertet. Ifølge hva slags hjerte hver person har, er det noen mennesker som vil gjøre mer enn hva som er forventet av dem mens andre bare gjør de ting som de har blitt bedt om eller kanskje litt mindre enn dette. En mann med en rettskaffen generøsitet har et hjerte som er veldig stort, slik at han ikke bare vil kikke etter hans egne personlige ting, men vil også ta vare på andres.

Filipperne 2:4 sier, "Se ikke bare etter dine egne personlige interesser, men også etter andres interesser." Et slikt hjerte kan bli annerledes ifølge hvor stort hjerte vi får i alle omstendigheter, slik at vi kan endre det gjennom videreførende anstrengelser. Hvis vi utålmodig bare ser etter vår egen interesse, burde vi be veldig grundig og endre vårt innsnevrede sinn til et mer vidstrakt et som først søker etter andres fordeler og situasjoner.

Helt til han ble solgt som slave i Egypt, hadde Josef blitt oppdratt likedan som plantene og blomstene som vokser i et gartneri. Han kunne ikke ta seg av alt det som foregikk i huset eller måle hjertene og situasjonene til hans brødre som ikke hadde vært elsket av faren deres. Gjennom forskjellige prøvelser, fikk han hjertet til å se på og styre alle vinklene i hans omgivelser, og han lærte hvordan han kunne ta seg av andres hjerter.

Gud gjorde Josefs hjerte større slik at han kunne forberede seg på tiden som statsminister i Egypt. Hvis vi får et slikt hjerte sammen med et snilt og uklanderlig hjerte, kan også vi styre og ta vare på store organisasjoner. Dette er en evne som ledere må ha.

Velsignelser for de Barmhjertige

Hva slags velsignelser vil bli gitt til de som har utført en perfekt godhet ved å fjerne ondskapen fra deres hjerte og kultivere den ytre rettskafne generøsiteten? Akkurat som det ble sagt i Matteus 5:5, "salige er de ydmyke, for de skal arve jorden," og i Salmenes Bok 37:11, "Men de ydmyke vil arve landet og vil glede seg over all rikdommen," de kan arve landet. Landet vil her symbolisere oppholdsstedet i himmelens kongerike, og arve landet betyr "å nyte all makten i Himmelen i fremtiden."

Hvorfor ville de nyte stor myndighet i Himmelen? En vennlig person vil styrke andre sjeler med et hjerte som vår Gud Fader, og vil røre ved deres hjerter. Jo mer vennlig en blir, jo flere sjeler vil hvile inne i ham og flere vil bli ledet til frelse av ham. Hvis vi kan bli et så stort menneske at folk kan finne ro hos oss, da vil dette bety at vi har tjent andre i stor grad. Himmelsk myndighet vil bli gitt til de som tjener. Matteus 23:11 sier, "De største blant dere skal være dine tjenere."

Kjærlighetens Egenskaper

Ifølge dette vil et vennlig menneske kunne nyte stor makt og arve det mektige landet som oppholdssted når han når Himmelen. Selv her på jorden vil de som har stor makt, rikdom, berømmelse og myndighet, bli fulgt av mange mennesker. Men hvis de mister alt det de har eid, da vil de miste mesteparten av deres myndighet, og mange mennesker som har fulgt dem vil forlate dem. Den åndelige myndigheten som følger en slik person er annerledes enn den som kommer fra denne verden. Den vil hverken forsvinner eller forandrer seg. Her på jorden idet hans sjel vil vokse og utvide seg, vil han bli vellykket i alt. Han vil også bli elsket høyt i Himmelen av Gud i all evighet og bli respektert av mangfoldige sjeler.

3. Kjærlighet er Ikke Sjalu

Noen veldig gode studenter arrangerer og samler sammen deres notater om spørsmål som de tidligere ikke fikk riktige på prøvene. De undersøkte hvorfor de svarte feil for så å senere svare riktig og forstå emne grundig før de går videre. De sier at denne metoden er veldig effektiv for å lære emner på kortere tid, som de synes er vanskelige. Denne samme metoden kan også bli brukt når en kultiverer kjærlighet. Hvis vi undersøker våre gjerninger i detaljer og kaster bort alle våre svakheter en etter en, da kan vi fullføre åndelig kjærlighet på kortere tid. La oss titte på den neste egenskapen angående den åndelige kjærligheten—'Kjærlighet er ikke sjalu'.

Sjalusi forekommer når en føler en sjalu bitterhet og ulykken vokser dypt og en begår onde gjerninger imot en annen person. Hvis vi har en sans for å være sjalu og misunnelig i tankene våre, da vil vi ha fiendtlighet når vi ser at noen andre blir lovprist eller favorisert. Hvis vi finner en person med mer kunnskap, er rikere og klarer mer enn oss, eller hvis en av våre medarbeidere blir vellykket og blir favoriserte av mange mennesker, da kan vi føle oss misunnelige. Noen ganger vil vi kanskje også hate denne personen, ønsker å svindle alt fra ham og tråkke over ham.

På den annen side vil vi kanskje også føle oss motløse og tenke, "Han er likt så godt av andre, men hva er jeg? Jeg er ikke til noen nytte!" Vi vil med andre ord føle oss motløse fordi vi sammenligner oss selv med andre. Når vi føler oss motløse er det

69

noen av oss som kanskje vil tenke at dette ikke er sjalusi. Men kjærligheten jubler ved sannheten. Hvis vi med andre ord har en virkelig kjærlighet vil vi juble når en annen person blir fremgangsrik. Hvis vi blir motløse og irettesetter oss selv, eller ikke jubler over sannheten, vil dette være på grunn av at vårt selvopptatthet eller 'jeg' fremdeles er i live. Siden vårt 'jeg' er i livet, vil vår stolthet bli såret når vi føler at vi er mindre verdt enn andre.

Når misunnelige sinn vokser og så viser seg gjennom onde ord og gjerninger, er det sjalusien som dette Kjærlighets Kapittelet prater om. Hvis sjalusien utvikler seg litt for langt, kan en skade eller til og med drepe andre mennesker. Sjalusi er den ytre åpenbaringen av ondskap og et skittent hjerte, og det er derfor vanskelig for de som er sjalue å motta frelse (Galaterne 5:19-21). Dette er fordi sjalusi er et bevis på kjøttets gjerning, som er en synd som en kan se utvendig. Sjalusi kan bli kategorisert i flere deler.

Sjalusi i Romantiske Forhold

Sjalusi blir provosert til handling når en person i et forhold gjerne vil ha mer kjærlighet og anerkjennelse ifra andre enn han/ henne for øyeblikket mottar.

Jakobs to koner, Leah og Rachel, var for eksempel sjalue på hverandre for de ville hver at Jakob skulle foretrekke dem overfor den andre. Leah og Rachel var søstre, og begge var Labans døtre, Jakobs onkel.

Jakob giftet seg med Leah på grunn av hans onkels bedrageri, uansett hans ønske. Jakob elsket egentlig Leahs yngre søster, Rachel, og fikk henne som kone etter 14 år i tjeneste for hans onkel. Helt fra begynnelsen av elsket Jakob Rachel mer enn Leah. Men Leah fødte fire barn mens Rachel ikke kunne føde noe barn.

På denne tiden var det skammelig å ikke kunne få barn, så Rachel var derfor hele tiden sjalu på hennes yngre søster Leah. Hun ble så blendet av hennes sjalusi at hun gjorde det også vanskelig for mannen hennes. "Gi meg barn, hvis ikke vil jeg dø" (1. Mosebok 30:1).

Både Rachel og Leah ga hver deres tjenestepike til Jakob som hans elskerinne slik at de kunne ha enerett på hans kjærlighet. Hvis de bare hadde hatt litt av den sanne kjærligheten i hjertet deres, kunne de ha gledet seg når mannen deres favoriserte den andre mer enn dem. Sjalusi gjorde dem alle – Leah, Rachel, og Jakob – veldig ulykkelige. Det hadde også en innvirkning på deres barn.

Sjalusi Når Andres Situasjoner Er Mer Gunstige

Hvert individs sjalusi er forskjellig ifølge ens verdi i livet. Men hvis den ene er rikere enn den andre, har mer kunnskap, og er dyktigere enn oss, eller når den andre blir satt høyere og elsket mer, da vil vi vanligvis bli sjalue. Det er ikke hardt å finne oss selv i en sjalu situasjon i skolen, på arbeidet, og hjemme, når sjalusien kommer fra følelsen av at andre er bedre enn oss. Når en jevnaldrende blir fremrykket og er mer vellykket enn oss, vil vi kanskje hate eller baktale dem. Vi vil kanskje tro at vi må tråkke på andre for å bli mer vellykket og mer anerkjent.

Noen mennesker vil for eksempel avsløre andres feil og svakheter på arbeidsplassen slik at de havner i en urettferdig mistanke og undersøkelse fra de eldre medarbeiderne, fordi de selv gjerne vil bli den som blir fremrykket i firmaet. Unge studenter er heller ikke utenom dette. Noen studenter plager andre studenter som gjør det godt akademisk eller mobber studentene som blir favorisert av læreren. Hjemme vil barn baktale og krangle med brødre og søstre for å kunne få større anerkjennelse og bli satt høyere av deres foreldre. Andre vil gjøre det fordi de gjerne vil arve flere ting fra deres foreldre.

Dette var tilfelle med Kain, historiens første morder. Gud aksepterte bare Abels ofringer. Kain følte seg fornærmet og idet hans sjalusi brente inne i ham drepte han til slutt hans egen bror Abel. Han måtte ha hørt mangfoldige ganger om ofringen av blod fra dyr fra hans foreldre, Adam og Eva, og må ha hatt god kunnskap om det. "Og ifølge Loven, vil en nesten si at alle ting er renset med blod, og uten at blod blir utøst, er det ingen som får tilgivelse" (Hebreerne 9:22).

Men uansett ga han bare ofringer fra åkerens innhøsting som han hadde dyrket. Abel ga på den annen side ofringer av det førstefødte lammet helt fra dypt i hans hjerte og helt etter Guds vilje. Noen sa kanskje at det ikke var vanskelig for Abel å gi et lam siden han var en hyrde, men dette er aldri tilfelle. Han lærte om Guds vilje fra hans foreldre og han ville gjerne følge Hans vilje. Det var på grunn av dette at Gud bare aksepterte Abels ofringer. Kain ble sjalu på hans bror og beklaget på hans feil. Etter at flammen hadde blitt tent, kunne flammen med sjalusi ikke bli slukket, og han drepte til slutt hans bror. Hvor vondt ville ikke dette ha vært for Adam og Eva!

Sjalusi Mellom Troende Brødre

Noen troende er sjalue på andre troende brødre eller søstre som er mer forestående enn dem når det kommer til ordre, stilling, tro, eller trofasthet til Gud. Et slikt fenomen skjer vanligvis når den andre er rundt deres egen alder, har lik stilling, og har vært troende like lenge, eller når de godt kjenner den andre personen.

Akkurat som Matteus 19:30 sier, "Men mange som er først vil bli sist; og den siste, først," noen ganger vil de som er yngre enn oss, de som har mindre tro enn oss, eller de som har en tittel i kirken bli satt foran oss. Da vil vi kanskje føle en sterk sjalusi imot dem. En slik sjalusi eksisterer ikke bare blant de troende i den samme kirken. Den kan også være der mellom prester og kirkemedlemmer, blant kirker, eller til og med blant forskjellige kristelige organisasjoner. Når en person lovpriser Gud, burde alle juble sammen, men de vil heller baktale andre som om de var gudsbespottere, for å gi navnet deres eller organisasjonen et dårlig rykte. Hva ville foreldrene tro hvis barna deres kranglet og hatet hverandre? Selv om barna gir dem god mat og gode ting, ville de ikke være glade. Og hvis de som har samme tro på Gud slåss og krangler blant hverandre, eller hvis det finnes sjalusi blant kirkene, vil det bare få vår Herre til å sørge mer.

73

Saulus var Sjalusi på David

Saulus var den første kongen i Israel. Han sløset bort hans liv med sjalusi på David. For Saulus var David en ridder i skinnende rustning som reddet hans land. Når moralen til soldatene ble borte på grunn av Goliat fra Filisternes trusler, tok David et meteorisk oppreisning og slo ned seierherren fra Filisterne med bare et eneste slyngkast. Denne enkelte handlingen brakte Israel seier. Siden da utførte David mangfoldige respektable forpliktelser når han beskyttet landet fra Filisternes angrep. Problemet med Saulus og David oppstod på dette tidspunktet. Saulus hørte noe veldig forstyrrende ifra folkemengden som mottok David som ankom med en seier fra slagmarken. De sa, "Saulus har slått i hjel tusenvis, og David titusenvis" (1. Samuel 18:7).

Saulus var veldig ukomfortabel og tenkte, "Hvordan kan de sammenligne meg med David? Han er ikke annet enn en hyrde!"

Hans sinne ble bare sterkere idet han fortsatte med å tenke på bemerkningen. Han synes ikke at det var riktig at menneskene skulle lovprise David så mye, og fra da av virket Davids handlinger mistenksomme på ham. Saulus trodde sikkert at David gjorde dette for å komme inn til folkenes hjerter. Saulus rettet nå hans sinne imot David. Han trodde, 'Hvis David allerede har fått menneskenes hjerte, er det bare et tidsspørsmål før det blir opprør!'

Idet hans tanker ble mer og mer overdrevne, så Saulus etter en sjanse til å drepe David. På et tidspunkt, led Saulus av onde ånder og David spilte harpen for ham. Saulus tok sjansen og kastet spydet på ham. Heldigvis dukket David og kom seg unna. Men Saulus ga ikke opp hans kamp om å drepe David. Han jaktet hele tiden på David sammen med hans hær.

Men uansett alt dette hadde David ikke noe ønske om å skade Saulus siden kongen hadde blitt utpekt av Gud, og kong Saulus visste dette. Men flammen fra Saulus sjalusi som hadde blitt tent kjølnet ikke ned. Saulus led fortsatt av forferdelige tanker på grunn av hans sjalusi. Helt til han ble drept i en kamp med filisterne, kunne Saulus aldri hvile på grunn av Davids sjalusi.

De Som Var Sjalue på Moses

I 4. Mosebok 16, kan vi lese om Korah, Dathan og Abiram. Korah var en levitt, og Dathan og Abiram kom fra stammen Reuben. De var misunnelige på Moses og hans bror og tjener Aaron. De avskydde det faktum at Moses hadde vært en prins i Egypt og at han nå styrte dem selv om han hadde vært en flyktning og en hyrde i Midian. På en annen side ville også de dem selv bli ledere. Så de tok kontakt med mennesker slik at de kunne tilhøre gruppen deres.

Korah, Dathan og Abiram samlet sammen 250 mennesker som kunne følge dem og de trodde derfor at de kunne få makt. De dro til Moses og Aaron og kranglet med dem. De sa, "Nå går dere for langt! Alle som tilhører menigheten, er hellige, og HERREN er midt i blant dem. Hvorfor vil dere da sette dere over HERRENs menighet?" (4. Mosebok 16:3)

Selv om de ikke brukte noen tvang når de møtte ham, svarte

Moses dem ikke. Han bare knelte foran Gud for å be og prøvde å fortelle dem om deres feil, og han bønnfalte Gud om Hans dom. Guds vrede var på denne tiden egget opp av Korah, Abiram og Dathan, og de som var sammen med dem. Jorden åpnet munn og Korah, Dathan og Abiram sammen med konene, sønnene og deres småbarn falt ned i Helvete. Flammen kom også fra HERREN og fortærte de to hundre og femti menneskene som hadde ofret røkelse.

Moses skadet ikke noen mennesker (4. Mosebok 16:15). Han gjorde sitt beste for å lede menneskene. Han beviste hele tiden at Gud var sammen med dem gjennom tegn og under. Han viste dem de Ti Plagene i Egypt; han lot dem krysse Røde Havet på en tørr bakke ved å dele havet i to; han ga dem vann fra en stein og fikk dem til å spise manna og vaktel i villmarken. Til og med når de baktalte og satte seg opp imot Moses og sa at han bare selv ville forfremme seg.

Gud viste dem også hvor stor synd det var å være sjalu på Moses. Å dømme og fordømme et menneske som Gud har utvalgt er det samme som å dømme og fordømme selve Gud. Vi må derfor ikke likegyldig kritisere kirkene eller organisasjoner som fungerer i Herrens navn og si at de er gale eller kjetterske. Siden vi alle er Guds brødre og søstre, vil sjalusi bli en stor synd overfor Gud.

Sjalusi over Ting som er Meningsløse

Kan vi få det vi vil bare ved å være sjalue? Ikke i det hele tatt!

Vi vil kanskje sette mennesker i vanskelige situasjoner og det vil kanskje virke som om vi klarer å stille oss foran dem, men vi kan ikke i virkeligheten få alt det vi vil ha. Jakob 4:2 sier, "Dere har begjær over det dere ikke har; så dere blir mordere. Dere er misunnelige og kan ikke oppnå; så dere slåss og krangler."

Istedenfor sjalusi burde dere betrakte det som er skrevet i Job 4:8, "Ifølge det jeg har sett, vil de som pløyer ned ondskap og sår ulykke, de høster det samme, etter det jeg har sett." De onde tingene du gjør vil komme tilbake til deg som en bumerang.

Som straff for det onde du sår, vil du kanskje møte vanskeligheter i din familie eller på din arbeidsplass. Salomos ordspråk 14:30 sier, "Sinnets ro gir kroppen liv, lidenskap er som råttenskap i ben," sjalusi vil bare føre til selvpåført skade, og det er derfor fullstendig meningsløst. Hvis du derfor gjerne vil komme foran andre, må du spørre Gud som styrer alt istedenfor å somle bort din energi på sjalue tanker og handlinger.

Du kan selvfølgelig ikke få alt det du spør om. I Jakob 4:3 står det, "Dere spør, men dere vil ikke få fordi dere spør gjennom gale hensikter, slik at dere kan bruke det for deres egen fornøyelse." Hvis du spør om noe bare for å ha det for din egen fornøyelse, kan du ikke få det fordi dette er ikke Guds vilje. Men i de fleste tilfeller vil folk bare spørre etter ting på grunn av deres egne ønsker. De spør etter rikdom, berømmelse, og makt slik at de selv kan bli komfortable og stolte. Dette gjør meg i min menighet trist. Den virkelige og sannferdige velsignelsen er ikke rikdom, berømmelse og makt, men utvikling av ens sjel.

Samme hvor mange ting du har og nyter, hvilken betydning

har det hvis du ikke mottar frelse? De vi burde huske på er at alle ting her på jorden vil forsvinne like fort som tåke. 1. Johannes 2:17 sier, "Verden vil forsvinne, og også dens begjær; men den som holder på Guds vilje vil leve i all evighet," og Forkynneren 12:8 sier, "'Alt er tomhet', sier Forkynneren. 'Ja, alt er bare tomhet!'"

Jeg håper at dere ikke vil bli sjalue på deres brødre og søstre ved å holde dere til meningsløse ting her i verden, men heller ha et hjerte som er riktig i Guds øyne. Da vil Gud svare på dine ønsker fra ditt hjerte og gi deg Himmelens evige kongerike.

Sjalusi og Åndelig Begjær

Mennesker tror på Gud men blir fremdeles sjalue fordi de har liten tro og kjærlighet. Hvis du mangler Guds kjærlighet og har liten tro på himmelens kongerike, vil du kanskje bli sjalu fordi du gjerne vil bli rikere, mer berømt, og få mer makt her i verden. Hvis du er overbevist om Guds barns rettigheter og Himmelens borgere, da vil Kristus brødre og søstre bli mye mer presise enn din verdslige familie. Dette er fordi du tror at du vil leve sammen med dem i all evighet i Himmelen.

Selv de ikke troende som ikke har akseptert Jesus Kristus er verdifulle og det er de som vi burde lede til himmelens kongerike. Etter denne troen vil vi kunne elske våre naboer like mye som oss selv, idet vi kultiverer den sanne kjærligheten inne i oss. Så når andre har det godt, vil vi være like lykkelige som om det hadde vært oss. De som har en sann tro vil ikke søke etter de meningsløse tingene fra denne verden, men de vil prøve å være flittige i Herrens arbeide for å kunne ta himmelens kongerike gjennom makt. De vil nemlig få åndelige begjær.

Fra døperen Johannes' dager og like til nå trenger himmelrike seg fram, og de som trenger på, river det til seg (Matteus 11:12).

Åndelig begjær er ganske forskjellig fra sjalusi. Det er viktig å ha begjæret om å bli entusiastisk og trofast i Herrens arbeide. Men hvis dette begjæret krysser linjen og flytter seg vekk ifra sannheten eller hvis den får andre til å snuble, er dette ikke akseptabelt. Når vi er iherdige i Herrens arbeide, burde vi være på utkikk etter folk omkring oss, søke etter deres gagn, og prøve å oppnå fred med alle.

4. Kjærlighet Skryter Ikke

Det finnes mennesker som alltid skryter om seg selv. De bekymrer seg ikke for hva andre sier når de skryter. De vil bare skryte om det de har mens de søker etter andres anerkjennelse. Josef skrøt av hans drøm når han var unggutt. Dette fikk hans brødre til å hate ham. Siden hans far elsket ham på en spesiell måte, forstod han ikke virkelig hans brødres hjerte. Senere ble han solgt som en slave til Egypt og måtte gå gjennom mange prøvelser slik at han til slutt kunne kultivere åndelig kjærlighet. Før mennesker kultiverte åndelig kjærlighet, ville de kanskje bryte freden ved å skryte og opphøye seg selv. Gud sier derfor, "Kjærlighet skryter ikke."

Å skryte er simpelthen å skryte og vise seg. Mennesker vil vanligvis bli verdsatt hvis de gjør eller har noe bedre enn andre. Hvilken virkning vil en slik skryting ha?

Noen foreldre er for eksempel hovne og skryter hele tiden av barna deres som er gode på skolen. Andre mennesker vil kanskje være lykkelige for dem, men de fleste av dem vil få deres stolthet såret og tenke dårlig om det. De vil kanskje irettesette deres barn uten grunn. Samme hvor godt ditt barn gjør det på skolen, burde du ikke skryte av barnet ditt slik hvis du bare har litt godhet i deg i henhold til andres følelser. Du vil også at ditt nabo barn skal være en god student, så hvis han gjør det godt burde du gledelig gratulere ham.

De som skryter har det også med å være mindre villig om å anerkjenne og lovprise det gode arbeide som andre gjør. På en eller annen måte vil de ha det med å fornedre andre fordi de tror at de selv er ubemerket i henhold til andre som har blitt anerkjent. Dette er bare en måte hvor skryting vil forårsake problemer. Å gjøre ting på denne måten viser at et skrytende hjerte ligger langt fra et sannferdig hjerte. Du tror kanskje at hvis du skryter av deg selv at du vil bli anerkjent, men det gjør det bare vanskelig for deg å motta en virkelig respekt og kjærlighet. Istedenfor vil mennesker rundt deg være misunnelig på deg, og du vil dra til deg ondskap og sjalusi. "Men som dette vil dere opphøye deres selv gjennom arroganse; all slik skryting er ond" (Jakob 4:16).

Livets Skrytende Stolthet Kommer Fra Kjærligheten i Verden

Hvorfor skryter mennesker av seg selv? Det er fordi de har livets skrytende stolthet inne i seg. Livets skrytende stolthet refererer til "egenskapen med å vise seg ifølge fornøyelsene fra denne verden." Dette kommer fra kjærligheten i verden. Mennesker vil vanligvis skryte av tingene som de ser på som viktige. De som elsker penger vil skryte av pengene de har, og de som ser på ens utseende som viktig, vil skryte av dette. De satte penger, utseende, berømmelse, eller sosial anseelse før Gud.

En av medlemmene i kirken vår hadde et vellykket firma ved å selge datamaskiner til storkonserner i Korea. Han ville gjerne utvide hans firma. Han fikk mange slags lån og investerte i en Internett Kafé franchise og Internett kringkasting. Han etablerte et firma med en starts kapital på to billioner won, som svarer til rundt tolv millioner Norske Kroner.

Men omsetningen tok tid og tapet økte til slutt så mye at

81

firmaet gikk konkurs. Hans hus ble auksjonert bort, og debitorene jaget ham. Han måtte leve på kjellergulvet i små hus eller på taket. Han begynte nå å se seg tilbake. Han innså at han ønsket om å skryte av hans suksess og at han var grådig etter penger. Han innså at han hadde gjort det vanskelig for mennesker rundt seg fordi han hadde utvidet hans firma mer enn han noensinne hadde håpet på.

Når han angret iherdig til Gud og kastet vekk all hans grådighet, var han lykkelig selv om han nå bare arbeidet med å rense kloakkrør og septiktanker. Gud kikket på hans situasjon og viste ham hvordan han kunne åpne et nytt firma. Nå da han går den rette veien hele tiden, er hans firma vellykket.

1. Johannes 2:15-16 sier, "Elsk ikke verden, heller ikke det som er i verden! Den som elsker verden, har ikke kjærligheten til Far i seg. For alt som er i verden – kroppens begjær, øynenes begjær og skrytet av alt det en eier – det er ikke Far, men av verden."

Heskja, den trettende kongen fra det Sørlige Judea, var oppriktig i Guds øyne og han renset også Tempelet. Han overvant invasjonen i Assyria gjennom bønner; når han ble syk, ba han gjennom tårer og mottok en 15 år forlengelse av livet. Men fremdeles hadde han en skrytende stolthet av det livet som han hadde igjen. Etter at han hadde blitt helbredet fra hans sykdom, sendte Babylon deres diplomater.

Heskja var så lykkelig for å få dem og viste dem alle hans dyrebare hus, sølvet og gullet og aromaen og den dyrebare oljen og hele hans våpenkammer og alt annet som han fant i hans skattekammer. På grunn av hans skryting ble Sørdelen av Judea angrepet av Babylon og alle skattene ble tatt (Esaias 39:1-6).

Kjærlighet: Fullførelse av Loven

Skryting kommer fra verdens kjærlighet, og det betyr også at personen ikke elsker Gud. For å kultivere en sann kjærlighet, må en derfor bli kvitt livets skrytende stoltheten som ligger helt innerst inne i hjerte.

Å Skryte av Herren

Det finnes en skryting som er god. Dette er å skryte av Herren akkurat som det ble pratet om i 2. Korinterne 10:17, "Men han som skryter skal skryte av Herren." Å skryte av Herren er å lovprise Gud, jo mer jo bedre. Et godt eksempel på en slik skryting er 'vitnesbyrd'.

Paulus sa i Galaterne 6:14, "men må det aldri bli til at jeg skryter, unntatt av korset til Herren Jesus Kristus, hvor verden har blitt korsfestet for meg og jeg for verden."

Akkurat som han sa skryter vi av Jesus Kristus som reddet oss og som ga oss det himmelske kongerike. Vi skulle ha fått den evige døden på grunn av våre synder, men takket være Jesus som betalte for våre synder på korset, mottok vi et evig liv. Hvor takknemlige burde vi ikke være!

Av denne grunnen skrøt apostelen Paulus om hans svakhet. I 2. Korinterne 12:9 står det, "Og Herren har sagt til meg, 'Min nåde er tilstrekkelig for deg, for makten blir perfekt i svakhet.' Derfor vil jeg helst være stolt av mine svakheter, for at Kristi kraft kan ta bolig i meg."

Paulus utførte så mange tegn og under og mennesker brakte til og med lommetørklær eller forklær som hadde rørt ved ham til de syke og de ble helbredet. Han hadde tre misjonsreiser og ledet mangfoldige mennesker til Herren og startet opp kirker i mange byer. Men han sier at det ikke er ham som gjorde alt dette arbeide. Han skrøt bare av at det var Guds nåde og Herrens makt som tillot ham å gjøre det han hadde gjort.

Det er i dag mange mennesker som er vitne til møte og erfaringen av den levende Gud i deres liv. De gir Guds kjærlighet og sier at de har blitt helbredet av sykdommene, fått økonomisk velsignelser, og fred i familien når de ærlig søkte etter Gud og viste deres kjærlige gjerninger til ham.

Som det stod i Salomos Ordspråk 8:17 som sier, "Jeg elsker de som elsker Meg; og de som iherdig søker etter Meg vil finne Meg," de er takknemlige for at de erfarte Guds store kjærlighet og fikk stor tro, som betyr at de mottok åndelige velsignelser. En slik skryting av Herren gir Gud ære og planter troen og livet i menneskenes hjerter. Ved å gjøre dette oppbevarer de belønninger i Himmelen og de vil få svar på deres hjertes ønsker mye hurtigere.

Men vi må være forsiktige med en ting. Noen mennesker sier at de lovpriser Gud, men i virkeligheten prøver de å opphøye seg selv overfor andre eller fortelle andre hva de har gjort. De antyder indirekte at de mottok frelse på grunn av deres egne prestasjoner. Det virker som om de lovpriser Gud, når i virkeligheten de gir seg selv all æren. Satan vil anklage slike mennesker. Når alt kommer til alt vil resultatet av å skryte av seg selv bli avslørt; de vil kanskje møte forskjellige slags tester og prøvelser, eller hvis noen gjenkjenner dem, vil de bare forlate Gud.

Romerne 15:2 sier, "Hver av oss skal tenke på det som vil tilfredsstille vår nabo, det som bygger opp." Som det står burde vi alltid prøve å tilfredsstille våre naboer og prøve å plante tro og liv i dem. Akkurat som vannet som blir renset når det går gjennom et filter, burde vi bruke et filter før vi prater, og tenke på om ordene våre vil oppbygge eller såre følelsene til tilhørerne.

Å Kaste Bort Livets Skrytende Stolthet

Selv om de har veldig mange ting å skryte av, er det ingen som kan leve i all evighet. Etter dette livet på jorden, vil alle havne enten i Himmelen eller Helvete. I Himmelen, vil til og med gatene som vi går på være av gull, og rikdommen der kan ikke bli sammenlignet med noe her i denne verden. Det betyr at all skrytingen her i verden er helt meningsløst. Og selv om en har veldig mye rikdom, kunnskap, berømmelse, og makt, kan han da skryte av dem hvis han havner i Helvete?

Jesus sa, "Hva vil det gagne et menneske om det vinner hele verden, men taper sin sjel? Eller hva skal et menneske gi som vederlag for sin sjel? For menneskesønnen skal komme i sin fars herlighetsammen med sine engler, og da skal han lønne enhver etter det han har gjort" (Matteus 16:26-27).

Å skryte av noe verdslig vil aldri gi et evig liv eller tilfredstillelse. Men det gir heller forhøyelse til meningsløse begjær og vil lede til fordervelse. Idet vi innser dette og fyller hjertene våre med håp ifra Himmelen, vil vi motta styrken til å kaste bort livets skrytende stolthet. Det samme gjelder et barn som lett kan bli kvitt hans leketøy som er gammel og ikke lengere har noen verdi når han får en ny en. Siden vi kjenner til den prektige skjønnheten i himmelens kongerike, vil vi ikke klinge til eller anstrenge oss med å få ting fra denne verden.

Så fort vi kaster bort livets skryting, da vil vi bare skryte av Jesus Kristus. Vi vil ikke føle at det er noe i denne verden som er verdt skryte av, men vi vil istedenfor føle oss stolte av æren som vi vil nyte i all evighet i det himmelske kongerike. Da vil vi bli fylt med en lykke som vi aldri før har vært vitne til. Selv om vi vil møte litt vanskeligheter gjennom vårt liv her på jorden, vil vi ikke føle at de er så ille. Vi vil bare føle oss takknemlige for Guds kjærlighet, Han som ga sin egen Sønn Jesus for å redde oss, og vi kan derfor bli fylt med lykke på alle måter. Hvis vi ikke søker etter livets skrytende stolthet, vil vi ikke føle oss veldig oppløftet når vi mottar ære, eller bli motløse når vi mottar kritikk. Vi vil bare ydmykende ta en titt på oss selv mer når vi mottar lovprisninger, og vi vil bare takke når vi mottar irettesettelser og bare prøve å forandre oss mer.

5. Kjærlighet Er Ikke Arrogant

De som lett skryter av seg selv føler at de er bedre enn andre og blir arrogante. Hvis ting går godt med dem, tror de at dette er fordi de har gjort et godt arbeide og vil dermed bli innbilske eller late. Bibelen sier at en av ondskapene som Gud hater mest er arroganse. Arroganse er også hovedgrunnen til at menneskene bygget Babel Tårnet for å konkurrere med Gud, som er en grunnen til at Gud skilte språkene.

Egenskapene til Arrogante Mennesker

En arrogant person ser på at andre ikke er noe bedre enn dem selv og forakter eller overser andre. En slik person vil føle seg bedre enn andre i alle ting. Han ser på seg selv som den beste. Han forakter, ser ned på og prøver å lære andre om alle ting. Han vil lett vise hans holdning overfor de som han ser på som mindreverdige. Han vil noen ganger i hans overdrevne arroganse, overse de som har undervist ham og ledet ham og de som er over hans stilling i firma eller sosialt sett. Han vil ikke høre på råd, kritikk og varsel som hans eldre gir ham. Han vil klage og tenke, "Mine eldre sier dette bare på grunn av at de ikke vet hva de prater om," eller de sier, "Jeg vet alt og jeg kan gjøre det best."

En slik person starter mange diskusjoner og krangler med andre. Salomos ordspråk 13:10 sier, "Hovmod fører bare til trette, kloke er de som tar imot råd."

2. Timoteus 2:23 forteller oss, "Men tåpelige situasjoner som ingen lærer noe av, skal du avvise, for du vet at de skaper strid." Det er derfor det er dumt og galt å tenke på at det er bare du som har rett.

Hver person har en forskjellig samvittighet og forskjellig kunnskap. Dette er fordi hver person har sett, hørt, erfart og blitt lært forskjellige ting. Men mye av hver persons kunnskap er galt, og noe av det har også blitt oppbevart feilaktig. Hvis denne kunnskapen etter lenger tid har gjort oss hardere innvendig, da blir selvgodhet og rammeverk skapt. Selvgodhet er for å insistere at bare våre meninger gjelder, og når dette blir hardere blir det en ny måte for dem å tenke på. Noen mennesker danner deres rammeverk gjennom deres personlighet eller med deres kunnskap.

Rammeverket er likedan som skjelettet til menneskekroppen. Det danner hver eneste persons form, og når den har blitt laget, er det vanskelig å bryte den. De fleste av menneskenes tanker kommer fra selvgodheten og rammeverket. En person som har mindreverdighets komplekser reagerer veldig sensitivt hvis andre peker fingeren på ham og anklager. Eller som det sies, hvis en rik person justerer hans klær, da vil folk tro at han skryter av og bare vil vise sine klær. Hvis noen bruker litt vanskelige eller store ord, da vil folk tro at han skryter av hans kunnskap og ser ned på dem.

Jeg lærte av min barneskolelærer at Frihetsstatuen stod i San Francisco. Jeg husker klart og tydelig at hun lærte oss det gjennom bilder av et kart av Amerika. Tidlig på 90 tallet dro jeg til Amerika for å lede et samlet oppvekkelses møte. Det var da jeg egentlig lærte at Frihetsgudinnen virkelig var i New York City.

For meg skulle Frihetsgudinnen være i San Francisco, så jeg forstod ikke hvorfor den var i New York City. Jeg spurte menneskene rundt meg og de sa at den virkelig var i New York. Jeg innså da at det som jeg hadde trodd var riktig egentlig ikke var riktig. På dette øyeblikket trodde jeg også at det jeg trodde på kanskje heller ikke var riktig. Mange mennesker tror og insisterer på ting som ikke er riktig.

Selv når de tar feil, vil de som er arrogante ikke innrømme det, men heller insistere på deres meninger, og dette vil føre til krangler. Men de som er ydmyke vil ikke krangle selv om den andre personen tar feil. Selv om de er 100% sikre at de har rett, vil de fremdeles tenke at de kanskje tar feil, for de har ingen hensikt med å vinne imot andre i en diskusjon.

Et barmhjertig hjerte har en åndelig kjærlighet som setter andre først. Selv om andre ikke er like heldige, har lavere utdannelse, eller har mindre makt i samfunnet, ville vi med et ydmykende sinn helt fra vårt indre hjerte se på andre som om de er bedre enn oss selv. Vi vil se på alle sjeler som veldig dyrebare siden de er verd så mye at Jesus mistet alt Hans blod.

Kjødelig Arroganse og Åndelig Arroganse

Hvis en viser slike utvendige handlinger som usannhet med å

skryte av seg selv, vise seg overfor andre og se ned på andre, da kan han lett innse slik hovmodighet. Hvis vi aksepterer Herren og blir kjent med den virkelige sannheten, da kan vi bli kvitt en slik kjødelig arroganse. På den annen side, er det ikke lett å innse og kaste vekk ens åndelige arroganse. Hva er så en åndelig arroganse?

Idet du går i kirken i lang tid, vil du oppbevare mye kunnskap om Guds Ord. Du vil kanskje også få titler og stillinger i kirken eller bli valgt som leder. Da vil du kanskje føle at du har kultivert en viss mengde kunnskap fra Guds Ord i ditt hjerte som er godt nok til å tenke, "Jeg har oppnådd veldig mye. Jeg må ha rett i de fleste ting!" Du vil kanskje irettesette, dømme og fordømme andre med Guds Ord som har blitt oppbevart som kunnskap, og tenke at du bare skjelner mellom det som er riktig og det som er galt ifølge sannheten. Noen ledere i kirken følger etter deres eget gagn og bryter reguleringene og ordrene som de egentlig skulle holde på. De bryter uten tvil ordren i kirken i deres handlinger, men de tenker, "Dette er OK siden jeg har denne stillingen. Jeg er unntaket." Et slikt opphøyet sinn har en åndelig arroganse.

Hvis vi erkjenner vår kjærlighet for Gud og ikke tar hensyn til Guds orden på grunn av et opphøyet hjerte, da er erkjennelsen ikke sannferdig. Hvis vi dømmer og fordømmer andre, kan vi ikke si at vi har en sann kjærlighet. Sannheten lærer oss å se på, høre på og bare prate om andres gode ting.

Ikke baktal hverandre, mine søsken. Den som baktaler en bror eller dømmer en bror, baktaler loven og dømmer loven.

Men dersom du dømmer loven, da gjør du ikke hva den sier,
men setter deg til doms over den (Jakob 4:11).

Hvordan føler du det når du finner andre menneskers svakheter?

Jack Kornfield, skriver i hans bok Kunsten med Tilgivelse, Kjærlighet, Vennlighet og Fred, om forskjellige måter en kan ta seg av ukyndige handlinger.

"I Babemba stammen i Sør Afrika, vil en person bli plassert midt i landsbyen, alene og ubundet, når de gjør uansvarlige eller urettferdige ting. Alt arbeide vil stoppe, og hver eneste mann, kvinne, og barn i landsbyen vil samle seg sammen i en stor sirkel rundt den anklagede personen. Da vil hver person i stammen prate med den anklagede, en av gangen, hver av dem vil minnes de gode tingene som personen i sirkelen har gjort mens han har vært i live. Hver hendelse, hver eneste erfaring som de kan minnes i noen som helst detaljer og riktighet blir fortalt. Alle hans positive attributter, gode gjerninger, styrke, og vennlighet blir pratet om i detaljer. Denne stammens formalitet vil ofte vare i flere dager. Til slutt blir stamme sirkelen brutt, en lykkelig feiring finner sted, og personen blir symbolsk sett og muntlig sett tatt tilbake i stammen."

Gjennom dette forløpet vil de personene som gjorde noe galt få tilbake deres selvrespekt og vil nå bestemme seg for å bidra til stammen deres. Takket være en slik enestående prøvelse, blir det sagt at forbrytelse nesten aldri skjer i deres samfunn.

Kjærlighetens Egenskaper

Når vi ser andre menneskers feil kan vi tenke på om vi dømmer og fordømmer dem først eller om vårt barmhjertige og fortvilede hjerte kommer først. Med dette kan vi undersøke hvor mye vi har kultivert underdanighet og kjærlighet. Ved å hele tiden sjekke oss selv, burde vi ikke være tilfredse med hva vi allerede har fullført, bare fordi vi har vært troende i lang tid.

Før en blir fullstendig renset, har alle egenskapen som tillater utvikling av arrogansen. Det er derfor veldig viktig at vi drar ut røttene fra den arrogante naturen. Den vil kanskje komme ut igjen når som helst med mindre vi drar det fullstendig ut gjennom iherdige bønner. Det er akkurat som når du plukker ugress hvor de vil fortsette å vokse tilbake med mindre du drar ut roten deres. Det vil si siden den syndige naturen ikke har blitt fullstendig fjernet fra hjertet, vil arrogansen komme tilbake igjen og igjen i lang tid fordi om de lever et troende liv. Vi burde derfor alltid ydmyke oss selv på samme måte som barn overfor Herren, se på andre som om de er bedre enn oss selv, og hele tiden prøve å kultivere den åndelige kjærligheten.

Arrogante Mennesker Tror på Seg Selv

Nebukadnesar åpnet den gylne tidsalderen til det Mektige Babylon. En av de eldgamle undrene, den Hengende Hagen ble laget på denne tiden. Han var stolt av at hele hans kongerike og arbeide ble gjort gjennom hans store makt. Han laget en statue av seg selv og fikk mennesker til å tilbe det. Daniel 4:30 sier,

"Kongen utbrøt og sa, 'Sannelig, er ikke dette det store Babylon som jeg med min veldige makt har bygd til kongesete, til ære for min herlighet?'"

Gud fikk til slutt ham til å forstå hvem verdens egentlige leder var (Daniel 4:31-32). Han ble drevet ut av palasset, beitet på gresset som en ku, og levde som et vilt dyr i villmarken i sju år. Hvilken betydning hadde hans trone på dette øyeblikket? Vi kan ikke få noe hvis Gud ikke tillater det. Nebukadnesar vendte tilbake til hans normale tanker etter sju år. Han innså hans arroganse og anerkjente Gud. Daniel 4:37 sier, "Jeg, Nebukadnesar, lover, priser og ærer nå himmelens konge. For alle Hans gjerninger er riktige og Hans veier rette. Han kan bøye dem som er hovmodige i sin ferd."

Det gjelder ikke bare Nebukadnesar. Noen troende her i verden sier, "Jeg tror på meg selv." Men det er ikke lett for dem å overvinne verden. Det finnes mange problemer i verden som ikke kan bli løst gjennom menneskelige evner. Selv den fineste nyskapende kunnskapen og teknologi er ubrukelig overfor naturkatastrofer inkludert tyfoner og jordskjelv og andre uventede katastrofer.

Og hvor mange slags sykdommer kan ikke bli helbredet med moderne medisiner? Men det er mange mennesker som stoler på seg selv i stedet for Gud når de møter hverandre med forskjellige problemer. De stoler på tankene, erfaringene og kunnskapen deres. Men når de ennå ikke har blitt vellykket og fremdeles møter problemer, vil de klage til Gud selv om de ikke tror på Gud. Dette er på grunn av deres arroganse som ligger i hjertet deres. På grunn av deres arroganse, kan de ikke tilstå deres svakheter og mislykkes i å ydmykende anerkjenne Gud.

Det som er mer ynkelig er at noen av Guds troende stoler på verden og seg selv i stedet for Gud. Gud vil at Hans barn skal utvikle seg og leve med Hans hjelp. Men hvis du ikke er villig til å ydmyke deg selv overfor Gud på grunn av din arroganse, da kan ikke Gud hjelpe deg. Da kan du ikke bli beskyttet fra fiende djevelen eller bli vellykket i alt det du gjør. Akkurat som Gud sier det i Salomos Ordspråk 18:12, "Før mannen faller, er han stolt i hjertet, forut for ære går ydmykhet," det som får deg til å mislykkes og bli ødelagt er ikke noe annet enn din egen arroganse.

Gud ser på den hovmodige som dum. Sammenligning med Gud som lager en trone av Himmelen og en fotstol av landet, hvor liten betydning har ikke menneskenes tilstedeværelse? Alle mennesker har blitt skapt i Guds speilbilde og vi er alle jevnbyrdige som Guds barn samme om vi holder en lav eller høy stilling. Samme hvor mange ting vi kan være stolte av her i verden, varer dette livet her på jorden bare en kort tid. Når dette korte livet her på jorden tar slutt, da vil alle bli dømt overfor Gud, og vi vil bli løftet opp til Himmelen ifølge hva vi har gjort gjennom ydmykhet her på jorden. Dette skjer fordi Herren vil løfte oss akkurat som Jakob 4:10 sier, "Ydmyk deg selv i Herrens nærvær, og Han vil løfte deg opp til Himmelen."

Hvis vann forblir i en liten vannpytt, vil det stagnere og råtne

94

og bli fylt med mark. Men hvis vannet uavbrutt renner ned en bakke, vil det til slutt nå havet og gi liv til så veldig mange ting. La oss på samme måte ydmyke oss selv slik at vi kan bli store i Guds øyne.

Egenskapene av Åndelig Kjærlighet

1. Den er Tålmodig

2. Den er Vennlig

3. Den er Ikke Sjalu

4. Den Skryter Ikke

5. Den Er Ikke Arrogant

6. Kjærlighet Oppfører seg Ikke Usømmelig

'Oppførsel' eller 'Etikette' er samfunnets måte å oppføre seg på, som gjelder holdningene og oppførslene til menneskene imot andre. Kulturelle etiketter har store variasjoner i hverdagen som for eksempel etiketten om samtaler, måten vi spiser på, eller måten vi oppfører oss på offentlige steder som for eksempel i et teater.

Riktig oppførsel er en viktig del av vårt liv. Samfunnets akseptable oppførsler som er passende for hvert sted og anledning vil vanligvis ha gunstig inntrykk på andre. Men i motsetning, vil det kanskje få andre til å føle seg ukomfortable hvis vi ikke viser god oppførsel og hvis vi ignorerer den grunnleggende etiketten. Og hvis vi også sier at vi elsker noen, men oppfører oss upassende imot denne personen, vil det være vanskelig for den personen å tro på at vi virkelig elsker ham.

Merriam-Websters Online Ordbok refererer til 'upassende' som 'ikke i samsvar med det som er grunnleggende sømmelig for ens stilling eller livs tilstand.' Her finnes det også mange slags kulturelle nivåer for etiketter i våre hverdager som det å hilse på andre og samtaler. Til vår forbauselse er det mange mennesker som ikke er klar over at de har gjort noe som er usømmelig selv om de oppførte seg uhøflig. Det er spesielt lettere for oss å være usømmelig overfor de som er oss nærest. Dette er fordi at når vi føler oss komfortable sammen med enkelte mennesker, har vi en tendens til å være uhøflige eller oppføre oss uten riktig etikette.

Men hvis vi har den virkelige kjærligheten, da vil vi aldri oppføre oss usømmelige. Hva hvis du har en veldig verdifull og vakker juvel. Ville du da behandle det uforsiktig? Du ville være veldig forsiktig og varsom når du håndterte det slik at det ikke skulle gå i stykker, bli skadet eller at du skulle miste det. Det er på samme måte hvis du elsker noen. Hvor vidunderlig ville du ikke behandle dem?

Det finnes to situasjoner hvor du oppfører deg usømmelig: uhøflighet imot Gud og uhøflighet imot mennesker.

Å Oppføre seg Usømmelig Overfor Gud

Selv blant de som tror på Gud og sier at de elsker Gud, er det mange som langt ifra elsker Gud når vi ser deres gjerninger og hører det de sier. Det å sovne under gudstjenesten er en av uhøflighetene overfor Gud.

Å sovne under gudstjenesten er det samme som å sovne rett foran selve Gud. Det ville være ganske uhøflig å sovne rett foran landets president eller et firmas administrerende direktør. Så hvor mye mer usømmelig ville det være hvis vi sovnet like foran Gud? Det ville være helt usannsynlig at du fremdeles ville kunne erkjenne din kjærlighet overfor Gud. Eller kanskje du møter med din elskede og du sovner hele tiden når du er sammen med denne personen. Hvordan kan vi så si at vi virkelig elsker denne personen?

Hvis du også har personlige samtaler med mennesker ved siden av deg under gudstjenestene eller hvis du dagdrømmer, er også dette å oppføre seg usømmelig. Oppførsel som dette er en indikasjon om at tilbederen mangler ærefrykt og kjærlighet for Gud.

Slike oppførsler vil også påvirke predikanter. Anta at det finnes en troende som prater med en annen person ved siden av ham, eller at han har tomme tanker eller også sovner. Da vil kanskje predikanten undre på om budskapet ikke er godt nok. Han vil kanskje miste inspirasjonen fra den Hellige Ånd, slik at han ikke kan forkynne gjennom den fullkomne Ånden. Alle disse handlingene vil til slutt også forårsake ulemper for andre tilbedere i menigheten.

Det samme gjelder når en forlater det hellige rommet midt i gudstjenesten. Selvfølgelig er det også noen frivillige som må gå ut på grunn av deres plikter om å hjelpe til med gudstjenestene. Men utenom helt spesielle tilfeller, er det riktig å bare røre på seg etter at selve gudstjenesten er avsluttet. Noen mennesker vil tenke, "Vi kan bare høre på budskapet," og dra like før gudstjenesten er over, men dette er usømmelig.

Gudstjenester i dag er i likhet med de brennende ofringene i det Gamle Testamentet. Når de ga de brennende ofringene, måtte de skjære dyret opp i deler og så brente de alle delene (Tredje Mosebok 1:9).

Dette betyr i dagens meninger at vi må ofre en riktig og fullstendig gudstjeneste helt fra begynnelsen til slutten ifølge et spesielt sett med formaliteter og prosedyrer. Vi må følge hver eneste ordre av gudstjenestens rekkefølge med hele vårt hjerte, fra begynnelsen av den stille bønnen helt til vi avsluttet med benediksjonen eller Herrens Bønner. Når vi synger lovprisninger eller ber, eller til og med under ofrings tiden og bekjentgjørelsen, da må vi gi hele vårt hjerte. Utenom de offisielle kirkegudstjenestene, må vi ofre det med hele vårt hjerte, i alle slags bønnemøter, lovprisninger og gudstjenester, eller i gruppegudstjenestene.

For å tilbe Gud med hele vårt hjerte, burde vi først og fremst ikke komme for sent til gudstjenesten. Det er ikke riktig å komme for sent til møter med andre mennesker, og hvor upassende er det ikke å komme for sent til et møte med Gud? Gud venter alltid ved gudstjenesten for å akseptere våre bønner.

Vi burde derfor ikke bare komme like før gudstjenesten begynner. Det er gode manerer å komme tidlig og be angrende og forberede seg til gudstjenesten. Og det å bruke mobiltelefoner under gudstjenesten, la småbarn springe rundt omkring og leke under gudstjenesten er å være usømmelig. Å tygge tyggegummi eller spise mat under gudstjenesten er å oppføre seg usømmelig.

Ditt personlige utseende er også viktig for gudstjenesten. Normalt er det ikke riktig å komme til kirken i hverdagsklær eller klær som en bruker på arbeidsplassen. Det er fordi klærne er en måte å uttrykke vår ærbødighet og respekt overfor en annen person. Guds barn som virkelig tror på Gud vet hvor vidunderlig han er. Så når de kommer for å tilbe Ham, kommer de i deres reneste klær.

Det kan selvfølgelig være unntak. For onsdagens gudstjeneste eller for fredagens nattlige gudstjeneste, er det mange mennesker som kommer rett ifra deres arbeidsplass. Idet de forter seg for å komme til tide, vil de kanskje komme i arbeidsklærne. I et slikt tilfelle vil Gud ikke si at de oppfører seg uhøflig, men Han vil juble istedenfor fordi han mottar hjertets aroma fra dem idet de prøver å komme til tide til gudstjenesten, selv når de er opptatte med deres arbeide.

Gud vil gjerne ha et kjærlig samvær med oss gjennom gudstjeneste og bønner. Dette er forpliktelser som Guds barn må gjøre. Bønn er en samtale med Gud. Noen ganger mens andre ber, vil en kanskje klappe lett på dem for å stoppe deres bønner på grunn av en nødsituasjon.

Dette er det samme som å avbryte andre mennesker når de har en samtale med de eldre. Når du åpner dine øyne og stopper å be med det samme bare på grunn av at noen roper på deg, er også dette å oppføre seg usømmelig. I dette tilfelle burde du først avslutte dine bønner, og så svare.

Hvis vi ofrer vår tilbedelse og bønner i ånden og sannheten, da vil Gud gi oss tilbake velsignelsene og belønningene. Han vil svare mye hurtigere på våre bønner. Dette er fordi Han lykkelig mottar duften fra vårt hjerte. Men hvis vi sparer på usømmelige gjerninger i et år, to år, og så videre, vil dette skape en vegg med synder mot Gud. Selv mellom en mann og en kvinne eller mellom foreldre og barn, vil det oppstå mange problemer hvis forholdet fortsetter uten kjærlighet. Det samme gjelder Gud. Hvis vi har bygget opp en vegg mellom oss og Gud, kan vi ikke være beskyttet fra sykdommer eller ulykker, og vi vil kanskje møte forskjellige problemer. Vi vil kanskje ikke motta svar på våre bønner, selv om vi ber i lang tid. Men hvis vi har en riktig holdning når vi går i kirken og ber, da kan vi løse mange slags problemer.

Kirken er Guds Hellige Hus

Kirken er et sted hvor Gud oppholder seg. Salmenes Bok 11:4

sier, "HERREN er i Hans hellige tempel; HERRENs trone er i Himmelen."

I det Gamle Testamentets tider, var det ikke hvem som helst som kunne komme inn til det hellig stedet. Bare prester kunne komme inn. Bare en gang om året og bare øverstepresten kunne komme inn til det Helligste av det Hellige inne på den Hellige Plassen. Men i dag kan hvem som helst komme inn til det hellige stedet og tilbe Ham, gjennom vår Herres nåde. Dette er fordi Jesus befridde oss ifra våre synder med Hans blod, akkurat som det ble sagt i Hebreerne 10:19, "Så har vi da, søsken, frimodighet ved Jesu blod til å gå inn i helligdommen."

Den hellige plassen er ikke bare plassen hvor vi kan be. Det er alle stedene innenfor grensene som tilhører kirken, det vil si også hagen og de andre bygningene. Så når vi er i kirken burde vi være forsiktige med hvert eneste lille ord eller handling. Vi mår ikke bli sinte eller krangle, eller prate om verdslige underholdninger eller arbeide på den hellige plassen. Det samme gjelder når en uforsiktig tar seg av Guds ting i kirken eller å skade, slå i stykker, eller sløse dem bort.

Kjøpe eller selge noe i kirken er spesielt ikke akseptabelt. Med dagens Internett handel, er det noen mennesker som betaler for det de kjøper på Internettet i kirken og mottar tingene i kirken. Dette er absolutt en forretningstransaksjon. Vi må huske på at Jesus omvendte bordene til pengebørsene og jaget de som solgte dyr for ofringer. Jesus aksepterte ikke engang de dyrene som skulle vært for ofringene til å bli solgt ved Tempelet. Vi må derfor ikke kjøpe eller selge noe i kirken for personlig bruk. Det samme gjelder når en har en basar på kirkeområdet.

Kjærlighetens Egenskaper

Alle stedene i kirken burde bli satt til side for å bli brukt til å tilbe Gud og ha fellesskap med Herrens brødre og søstre. Når vi ber og ofte har møter i kirken, burde vi være forsiktige så vi ikke blir ufølsomme om kirkens hellighet. Hvis vi elsker kirken, vil vi ikke oppføre oss usømmelig i kirken, akkurat som det står i Salmenes Bok 84:11, "Ja, en dag i dine tempelgårder er bedre enn tusen ellers. Å stå ved terskelen til Guds hus er bedre enn å bo i telt med gudløse."

Å Oppføre seg Usømmelig Overfor Mennesker

Bibelen sier at de som ikke elsker sin bror kan heller ikke elske Gud. Hvis vi oppfører oss usømmelig overfor andre mennesker som vi ser, hvordan kan vi så ha slik en stor respekt for Gud som ikke er synlig?

"Den som sier: 'Jeg elsker Gud', men allikevel hater sin bror, er en løgner. For den som ikke elsker sin bror som han har sett, kan ikke elske Gud som han har sett" (1. Johannes 4:20).

La oss kikke på usømmelige handlinger i våre daglige liv, som vi lett vil mislykkes med å kikke på. Hvis vi vanligvis søker etter vårt eget gagn uten å tenke på andre, vil vi mange ganger være uhøflige. Når vi for eksempel prater på telefonen, burde vi også følge en viss etikette. Hvis vi ringer sent på kvelden eller natten eller prater lenge på telefonen med en person som er veldig

Kjærlighet: Fullførelse av Loven

opptatt, vil dette ikke være godt for ham. Å komme sent til møter eller komme uventende til noens hus er også eksempler på uhøflighet.

En vil kanskje tenke, "Vi kjenner hverandre så godt at det bare er alt for høytidelig for oss å tenke på denne måten." Vi har kanskje et veldig godt forhold hvor vi forstår hverandre veldig godt. Men det er fremdeles vanskelig å kunne forstå den andres hjerte 100%. Vi vil kanskje tenke at vi godt viser vårt vennskap til den andre personen, men han vil kanskje ta dette på en annen måte. Vi burde derfor prøve å tenke fra den andres synspunkt. Vi burde spesielt være forsiktige med å handle uhøflig overfor den andre personen hvis han er en av våre nære venner.

Vi vil mange ganger si skjødesløse ting eller handle uforsiktig og såre følelsene deres eller fornærme dem som er oss nærest. Vi vil være uhøflig overfor familie medlemmer eller nære venner på denne måten, og forholdet vil til slutt bli anstrengt og kan bli veldig dårlig. Eldre mennesker vil også noen ganger behandle yngre mennesker eller de som holdere en lavere stilling enn dem selv veldig upassende. De prater uten respekt, eller de vil ha en befalende oppførsel som får andre til å føle seg ukomfortable.

Men det er i dag veldig vanskelig å finne mennesker som helhjertet vil tjene deres foreldre, lærere, og eldre mennesker, de som vi helt naturlig burde tjene. Noen vil si at situasjonen kanskje har endret seg, men det er noe som aldri forandrer seg. 3. Mosebok 19:32 sier, "Du skal reise deg for de grå hår og vise de gamle ære. Du skal frykte din Gud. Jeg er HERREN."

Guds vilje for oss er å gjøre alle våre forpliktelser selv blant oss mennesker imellom. Guds barn burde også holde ved loven og denne verdens ordre slik at de ikke blir uhøflige. Hvis vi for eksempel forårsaker bråk i offentlige steder, spytter på gaten, eller bryter trafikkreglene, vil dette være uhøflig imot mange mennesker. Vi er kristne som burde være verdens salt og lys, og vi burde derfor være veldig forsiktige med det vi sier, det vi gjør og vår oppførsel.

Kjærlighetens Lov er det Endelige Målet

De fleste mennesker bruker mesteparten av tiden sammen med andre mennesker, møter dem og prate med dem, spiser sammen med dem, og arbeider sammen med dem. Til denne grad finnes det mange slags kulturelle etiketter i hverdagen. Men alle har forskjellig slags utdannelse, og kulturen er annerledes fra land til land og blant forskjellige nasjonaliteter. Så hva burde derfor være vår normale høflighet?

Det er loven med kjærlighet som ligger i vårt hjerte. Loven med kjærlighet refererer til Guds lov, Han som er selve kjærligheten. Til den grad hvor vi avtrykker Guds Ord i vårt hjerte og oppfører oss deretter, vil vi ha Herrens oppførsel og ikke oppføre oss upassende. En annen mening med kjærlighetens lov er 'overveielse'.

En mann gikk gjennom en mørk natt med en lampe i hånden. En annen mann kom fra den motsatte retningen, og når han så denne mannen med lampen, så han at han var blind. Så han spurte mannen hvorfor han hadde med seg lampen siden han ikke kunne se. Da sa han, "Det er for at du ikke skulle støte inn på meg.

Denne lampen er til deg." Vi vil kanskje lære noen om å ta hensyn til andre fra denne fortellingen.

Å ta hensyn til andre, selv om det kanskje kan virke ubetydelig, har stor evne til å røre ved andre menneskers hjerte. Upassende handlinger kommer fra andres ubetenksomhet, som betyr at det finnes mangel på kjærlighet. Hvis vi virkelig elsker andre, vil vi alltid være hensynsfulle overfor andre og ikke oppføre oss uhøflig.

Hvis en i jordbruk fjerner alt for mye av den dårlige frukten, da vil den frukten som er igjen ta til seg all den tilgjengelige næringen, og dette vil bli til at de vil få et altfor tykt skall og smaken vil heller ikke bli god. Hvis vi ikke er hensynsfulle overfor andre, vil vi kanskje i et øyeblikk nyte alle tingene som er tilgjengelige, men vi vil også bli ubehagelige og tykkhudet akkurat som frukten som får for mye næring.

Så akkurat som Kolossene 3:23 sier, "Samme hva du gjør burde alt komme fra ditt hjerte, i likhet med Herren og ikke menneskene," vi burde tjene alle med den høyeste respekt, på samme måten som vi tjener Herren.

7. Kjærlighet Søker Ikke etter Sitt Eget Gagn

I denne moderne verden, er det ikke vanskelig å finne selvgodhet. Mennesker søker etter deres eget gagn og ikke etter andres gagn. I noen land vil de legge til skadelige kjemikalier i melkepulveret til spedbarn. Noen mennesker vil forårsake mye skade til deres eget land ved å stjele deres teknologi som er veldig viktig for landet deres.

På grunn av problemet 'ikke i min bakhage', er det vanskelig for regjeringen å bygge et offentlig sted som søppelfylling eller et offentlige krematorium. Mennesker tar ikke hensyn til andre, men vil bare tenke på deres eget gagn. Selv om det ikke er like ekstremt, kan vi også finne mange selvgode gjerninger hver eneste dag.

Noen kollegaer eller venner vil dra og spise sammen. De må velge hva de skal spise, og en av dem vil insistere på en viss ting. En annen person vil følge denne personens ønsker, men er ikke komfortabel med det innvendig. Og det er også andre mennesker som alltid spør andre om deres meninger. Og samme om han liker det den andre velger eller ikke, vil han alltid være glad og spise det. I hvilken kategori tilhører du?

En gruppe mennesker holder et møte for en spesiell begivenhet. De har alle forskjellige meninger. En person vil prøve å overtale andre helt til de andre er enige med ham. En annen person insisterer ikke på hans egen oppfatning, men når han ikke liker andres mening vil han vise motvillig, men allikevel akseptere det.

Men andre personer vil fremdeles høre på andre når de uttaler seg om deres mening. Og selv om deres ide er annerledes enn deres, vil han prøve å følge det. En slik forskjell vil komme fra hvor mye kjærlighet hver av dem har i sitt hjerte.

Hvis det finnes motstridige situasjoner som fører til krangel eller uenigheter, er dette fordi mennesker søker etter deres eget gagn, og bare insisterer på deres egne meninger. Hvis et ektepar bare insisterer på deres egne gagn, vil de hele tiden krangle og de vil ikke kunne forstå hverandre. De kan ha fred hvis de gir etter og forstår hverandre, men fred kan ofte bli brutt fordi hver av dem vil insistere på at den andre hører på deres meninger.

Hvis vi elsker noen, vil vi ta vare på denne personen mer enn oss selv. La oss kikke på kjærligheten til foreldre. De fleste foreldre vil tenke på barna deres før seg selv. Så moren vil foretrekke og høre "Din datter er veldig pen," i stedet for "Du er pen."

I stedet for at de selv spiser god mat, vil de være lykkeligere hvis barna deres spiser godt. I stedet for at de selv får fine klær, vil de også heller gi barna deres fine klær. De vil også gjerne at barna deres skal være mer intelligente enn dem selv. De vil at barna deres skal være anerkjente og elsket av andre. Hvis du gir en slik kjærlighet til dine naboer og alle andre, hvor tilfredsstilt ville vi ikke gjøre Gud Faderen.

Abraham Søkte Etter Andres Gagn Gjennom Kjærlighet

Å sette andres interesse foran vår egen kommer fra den guddommelige kjærligheten. Abraham er et godt eksempel på en person som søkte etter andres gagn før hans eget.

Når Abraham forlot hans fødeby, da fulgte hans nevø Lot ham. Lot tok også imot mange velsignelser takket være Abraham og han hadde så mange dyr at det ikke var nok vann til både Abraham og Lots flokker og buskap. Noen ganger kranglet til og med hyrdene fra begge flokkene.

Abraham ville ikke at freden skulle bli brutt, og ga Lot rettigheten til å først velge hvilken side av landet han ville ha, og så ville han selv dra til den andre siden. Den viktigste tingen ved å ta vare på flokkene er gresset og vannet. Plassen de oppholdt seg på hadde ikke nok gress og vann for alle flokkene, og for å få utbytte av marken måtte en på en måte gi opp det som var viktig for overlevelse.

Abraham hadde en slik stor ettertanke for Lot fordi Abraham elsket ham veldig høyt. Men Lot forstod ikke riktig denne kjærligheten ifra Abraham; han valgte bare det bedre landet, dalen Jordan, og dro. Tror du Abraham følte seg ukomfortabel da han så hvor fort Lot valgte det som var best for ham selv? Ikke i det hele tatt! Han var lykkelig over at hans nevø tok det gode landet.

Gud så det gode hjerte til Abraham og velsignet ham bare mer samme hvor han dro. Han ble så rikt et menneske at han til og med ble respektert høyt av kongen på stedet. Akkurat som det her ble illustrert, vil vi helt sikkert motta Guds velsignelser hvis vi søker etter andre menneskers gagn og ikke vårt eget.

Hvis vi gir noe av det vi har til våre elskede, da vil vi få en mye større glede. Dette er en glede som bare de som har gitt noe veldig spesielt til deres elskede kan forstå. Jesus nøt slik glede. En slik stor lykke kan oppnås når vi kultiverer den perfekte kjærlighet. Det er vanskelig å gi til de som hater, men det er ikke vanskelig i det hele tatt å gi til de som vi elsker. Vi vil lykkelig gi.

Å Nyte den Største Lykke

Den perfekte kjærlighet vil la oss nyte den største lykke. Og for at vi kan ha den perfekte lykke på samme måte som Jesus, må vi tenke på andre i stedet for oss selv. Våre naboer, Gud, Herren, og kirken burde være en høyere prioritet enn oss. Hvis dette er sant, da vil Gud ta vare på oss. Han vil gi oss tilbake noe som er bedre når vi søker etter andres gagn. I Himmelen vil våre himmelske belønninger bli oppbevart. Det er derfor Gud sier i Apostlenes Gjerninger 20:35, "Det er en høyere velsignelse å gi enn å motta."

Her burde vi være klar over en ting. Vi må ikke forårsake helseproblemer for oss selv ved å arbeide trofast for Guds kongerike lenger enn vår fysiske styrke kan klare det. Gud vil akseptere vårt hjerte hvis vi prøver å være trofast utenfor våre grenser. Men vår fysiske kropp trenger til å hvile. Vi burde også ta vare på vår sjels utvikling ved å be, faste, og lære Guds Ord, og ikke bare arbeide for kirken.

Noen mennesker vil skade deres familiemedlemmer eller andre mennesker, eller gi dem ulemper ved å bruke alt for mye tid på religionens eller kirkens aktiviteter. Det er for eksempel noen som ikke kan gjøre deres arbeide godt fordi de faster. Noen studenter vil kanskje forsømme deres lesing fordi de er med på for mange kirke aktiviteter.

I tilfelle ovenfor, vil de kanskje tenke at de ikke søkte etter deres eget gagn fordi de fremdeles arbeider hardt. Men dette er ikke sant. Samme om de arbeider for Herren, er de ikke trofaste i alle Guds hus, og dette betyr at de ikke fullfører forpliktelsen som Guds barn. Når alt kommer til alt søkte de etter deres eget gagn.

Hva burde vi så gjøre for å unngå vår eget gagn i alt? Vi må stole på den Hellige Ånd. Den Hellige Ånd, som er Guds hjerte, vil lede oss til sannheten. Vi kan bare leve for Guds ære hvis vi gjør alt etter den Hellige Ånds ledelse akkurat som apostelen Paulus fortalte oss, "Men enten dere spiser eller drikker, eller hva dere enn gjør, gjør alt til Guds ære" (1. Korinterne 10:31).

For å kunne gjøre som det står ovenfor, må vi kaste bort ondskapen fra vårt hjerte. Og hvis vi også kaster bort ondskapen som vi har i vårt hjerte, vil vi motta godhetens visdom slik at vi kan erkjenne Guds vilje i hver eneste situasjon. Akkurat som det står ovenfor vil vår sjel vokse og alle ting vil gå godt med oss og vi vil holde oss friske slik at vi kan bli helt trofaste på Gud. Vi vil også bli elsket av våre naboer og familiemedlemmer.

Når nygifte kommer for å motta bønner, vil jeg alltid be for dem om at de må først søke etter hverandres gagn. Hvis de begynner å søke etter deres eget gagn, vil de ikke kunne få en fredfull familie.

Vi kan søke etter andres gagn, de som vi elsker eller de som vi kan dra fordeler av. Men hva med de som gjør det vanskelig for oss på alle måter og som alltid følger deres eget gagn? Og hva med de som skader oss eller får oss til å lide, eller de som ikke er til noen fordel for oss? Hvordan opptrer vi overfor de som lyver til oss eller hele tiden sier onde ting?

I disse tilfellene, vil det betyr at vi søker etter vårt eget gagn hvis vi unngår dem eller hvis vi ikke er villige til å ofre oss for dem. Vi burde kunne ofre oss selv og også åpne veien til mennesker som har andre ideer enn det vi har. Bare da kan vi bli sett på som individer som gir oss åndelig kjærlighet.

Kjærlighet gjør menneskenes hjerter positive. Og på den annen side vil sinne gjøre menneskets hjerte negativt. Sinne sårer hjertet og gjør det mørkt. Så hvis du blir sint, kan du ikke oppholde deg i Guds kjærlighet. De viktigste fellene som fiende djevelen og Satan setter opp for Guds barn er hat og sinne.

Å bli provosert er ikke bare det å bli sint, rope høyt, banne, og bli voldsom. Hvis ditt ansikt blir forvrengt, hvis din ansikts farge endrer seg, og hvis måten du prater på blir plutselig brysk, er alt dette en måte å oppføre seg etter en har blitt provosert. Selv om omfatningen kan være forskjellig i hvert tilfelle, er det fremdeles et utvendig uttrykk angående hat og fiendtlighet som kommer fra hjertet. Men bare ved å så se ens utseende, burde vi ikke dømme eller fordømme andre og tenke at han er sint. Det er ikke lett for andre å fullstendig forstå en annen persons hjerte.

Jesus jaget en gang vekk de som solgte ting i Tempelet. Handelsmennene satte opp bord og utvekslet penger eller solgte buskap til mennesker som kom til Jerusalem Tempelet for å være med på den jødiske påsken. Jesus er veldig vennlig; Han hverken krangler eller roper høyt ut, og ingen kan høre Hans stemme på gatene. Men når en ser dette, kan en se at hans holdning var veldig annerledes enn vanlig.

Han laget en pisk ut av en snor og jaget ut sauene, kuene, og andre ofringer. Han omvendte bordene til pengevekslerne og due selgerne. Når folkene rundt Ham så denne Jesus, trodde de kanskje at Han var sint. Men akkurat da var det ikke fordi Han var sint på grunn av en fiendtlighet som hat. Han hadde bare

112

rettferdig ergrelse. Gjennom Hans rettferdige indignasjon, fikk Han oss til å innse at urettferdigheten med å vanhellige Guds Tempel ikke kan bli tolerert. En slik rettferdig indignasjon er resultatet av Guds kjærlighet, Han som forbedrer kjærlighet gjennom Hans rettferdighet.

Forskjellen mellom den Rettferdige Indignasjonen og Sinne

I Markus 3. kapittel, helbredet Jesus en mann med en ødelagt hånd inne i Synagogen på Sabbaten. Mennesker så på om Jesus ville helbrede en person på Sabbaten, slik at de kunne anklage Ham fordi Han brøt Sabbaten. Akkurat da kjente Jesus til menneskenes hjerter og spurte, "Er det lovlig å gjøre gode eller skade noen på Sabbaten, for å redde et liv eller for å drepe?" (Markus 3:4)

Deres hensikter ble avslørt, og de hadde ikke mer og si. Jesus sinne var mot deres harde hjerte.

Da så Han på dem som stod omkring Ham og bedrøvet over at de hadde så harde hjerter, og sa til mannen, "Rekk fram hånden!" Mannen gjorde det, og hånden ble frisk igjen (Markus 3:5).

Akkurat da prøvde de onde menneskene bare å fordømme og drepe Jesus, Han som bare gjorde gode arbeider. Så noen ganger brukte Jesus sterke uttrykk for dem. Dette var for å få dem til å

113

innse og vende seg vekk ifra ødeleggelse. På samme måte kom Jesus rettferdige indignasjon ifra Hans kjærlighet. Denne indignasjonen vekte noen ganger mennesker og førte dem til livet. Det er på denne måten at det å bli provosert og ha rettferdig indignasjon er fullstendig annerledes. Bare når en har blitt renset og ikke har noen synd i det hele tatt, vil hans forhånelse og bebreidelse gi liv til sjelen. Men uten rensingen av hjertet, kan en ikke klare et slikt resultat.

Det er flere grunner hvorfor mennesker blir sinte. Først har det med menneskenes ideer å gjøre, og de har forskjellige ønsker. Hver av dem har forskjellige familie bakgrunner og utdannelse, slik at deres hjerter og tanker, og dømmende grunnlag er alle forskjellige fra hverandre. Men de vil prøve å få andre til å tilpasse seg deres egne ideer, og på grunn av dette vil de få onde tanker.

Hva hvis ektemannen liker maten salt, mens konen ikke liker det salt. Konen kan si, "Alt for mye salt er ikke godt for din helse, og du burde spise litt mindre salt." Hun gir dette rådet på grunn av hennes manns helse. Men hvis mannen ikke vil ha den, burde hun ikke insistere på det. De burde finne en måte for at de begge skal bøye seg for hverandre. De kan skape en lykkelig familie når de sammen prøver det.

For det andre vil en person bli sint når andre ikke hører på ham. Hvis han er eldre eller i en høyere stilling, da vil han at andre skal adlyde ham. Det er selvfølgelig riktig å respektere de eldre og adlyde de som sitter i høyere stillinger i hierarkiet, men det er heller ikke riktig for disse menneskene å tvinge de som har lavere stillinger til å adlyde dem.

114

Det er tilfeller hvor en person som sitter høyere i ordren og som ikke hører på de underordnede i det hele tatt, men bare vil at de skal følge ham betingelsesløst. I andre tilfeller vil folk bli sinte når de taper noe eller når de blir behandlet urettferdig. En vil kanskje bli sint når mennesker blir sinte på ham uten noen grunn, eller når ting ikke blir gjort som han ba dem om eller viste dem; eller når mennesker banner på ham eller fornærmer ham.

Før de blir sinte har menneskene allerede en ondskapsfull følelse i hjertet. Andres ord eller handlinger vil stimulere slike følelser. Deres opphissede følelser kommer fra deres raseri. Og vanligvis ha denne ondskapsfulle følelsen er første steget med å bli sint. Vi kan ikke oppholde oss i Guds kjærlighet, og vår åndelige vekst vil bli seriøst forhindret hvis vi blir sinte.

Vi kan ikke endre oss selv gjennom sannheten så lenge vi har ondskapsfulle følelser, og vi må slutte å bli provosert, og kaste bort selve sintheten. 1. Korinterne 3:16 sier, "Vet du at du er et av Guds Tempel og at Ånden til Gud oppholder seg inne i deg?"

La oss bli klar over at den Hellige Ånd vil ta vårt hjerte som tempelet og at Gud alltid voktere over oss, slik at vi ikke kan bli provosert bare på grunn av at noen ting ikke stemmer overens med våre egne ideer.

Menneskenes Sinne Oppnår Ikke Guds Rettferdighet

I Elisjas tilfelle, mottok han en dobbel porsjon av hans lærer, Elias ånd, og utførte mer arbeide fra Guds makt. Han ga en ufruktbar kvinne en velsignelse med befruktning; han

115

gjenopplivet en død person, helbredet en spedalsk, og seiret over en av mostandenes hærer. Han endret udrikkelig vann til et godt vann ved å putte salt i det. Men til tross for dette døde han av en sykdom, som var en sjeldenhet for Guds store profet.

Hva var grunnen til dette? Det skjedde når han dro til Betel. En gruppe med unge gutter kom fra byen og gjorde narr av ham fordi han ikke hadde mye hår og hans utseende var heller ikke fordelaktig. "Kom deg vekk, din flintskalling! Kom deg vekk, din flintskalling!" (2. Kongebok 2:23)

Det var ikke bare ekteparet, men det var også mange guttunger som fulgte og hånte Elisja, og han ble flau. Han rådet og irettesatte dem, men de ville ikke høre på ham. De var så stae når de gjorde det vanskelig for profeten, og det var helt uutholdelig for Elisja.

Betel var akkurat som en hjemmegrodd idoldyrking på Nordsiden av Jerusalem etter at landet hadde oppdelt seg. Guttungene i dette området må ha hatt harde hjerter på grunn av miljøet med idoltilbedelsen. De blokkerte kanskje veien, spyttet på Elisja, eller til og med kastet steiner på ham. Elisja forbannet dem til slutt. To binner kom ut av skogen og drepte førti to av dem.

Selvfølgelig havnet de i dette på grunn av måten de hånte Guds mann på, men det beviser også at Elisja hadde onde følelser. Det er ikke uten betydning at han døde av en sykdom. Vi kan se at det ikke er riktig for Guds barn å bli provosert. "Menneskenes Sinne Oppnår Ikke Guds Rettferdighet" (Jakob 1:20).

Å Ikke Bli Provosert

Hva må vi gjøre for ikke å bli sinte? Må vi trykke det ned gjennom selvbeherskelse? Idet vi trykker hardt på en fjær, får den stor makt med tilbakeslag og spretter opp så fort vi tar vekk hånden. Det samme gjelder når vi blir sinte. Hvis vi bare trykker det ned, vil vi kanskje kunne unngå den midlertidige konflikten, men før eller siden vil den eksplodere. Så for at vi ikke skal bli provosert, må vi bli kvitt selve følelsen av sinne. Vi burde ikke bare trykke det ned, men endre vårt sinne til godhet og kjærlighet slik at vi ikke behøver å trykke ned på noe i det hele tatt.

Vi kan selvfølgelig ikke kaste bort alle de onde følelsene over natten og erstatter dem med godhet og kjærlighet. Vi må prøve hver eneste dag. Først, i en provoserende situasjon, vi må forlate situasjonen til Gud og bli tålmodig. Det blir sagt at i Thomas Jeffersons undersøkelse, den tredje presidenten i Amerika, ble det skrevet, "Når du er sint, tell til ti før du sier noe; hvis du er veldig sint, tell til hundre." Et koreansk utsagn sier "hvis du viser tålmodighet tre ganger, vil du stoppe en morder."

Når vi er sinte burde vi trekke oss tilbake og tenke på hva slags fordel det ville være for oss å bli sinte. Da vil vi ikke ha gjort noe vi angrer på eller noe som vi vil skamme oss over. Idet vi prøver å være tålmodige gjennom bønner og hjelper den Hellige Ånd, vil vi ganske snart kaste vekk selve de onde følelsene. Hvis vi blir sinte ti ganger før, vil nummeret redusere seg til ni og så ti ganger og så videre. Senere vil vi bare ha fred selv i provoserende situasjoner. Hvor lykkelige vil vi ikke så være!

Salomos Ordspråk 12:16 sier, "En dummings sinne vil bli tilkjennegjort med det samme, men en klok mann vil gjemme hans skam," og Salomos Ordspråk 19:11 sier, "Klokskap gjør mennesket langmodig, å bære over med urett er en pryd for mannen."

'Sinne' er bare en 'F' vekke ifra 'Fare'. Vi vil kanskje kunne innse hvor farlig det er å bli sint. Den siste seieren vil bli den som blir stående. Noen mennesker anvender selvbeherskelse når de er i kirken selv i situasjoner hvor de kan bli sinte, men de vil lett bli sinte hjemme, på skolen, eller på arbeidsplassene. Gud eksisterer ikke bare i kirken.

Han vet når vi sitter og når vi står, og hvert ord vi sier og hver tanke vi har. Han kikker på oss over alt, og den Hellige Ånden ligger i vårt hjerte. Vi må derfor leve som om vi hele tiden stod rett foran Gud.

Et ektepar kranglet og den sinte ektemannen skrek ut til hans kone om at hun skulle holde kjeft. Hun ble så sjokkert at hun ikke åpnet munnen igjen, og snakket aldri mer før hun døde. Ektemannen som hadde raserianfall overfor hans kone led også etter dette. Å bli provosert kan få mange mennesker til å lide, og vi burde prøve hardt med å bli kvitt alle de onde følelsene.

9. Kjærlighet Legger Ikke Vekt på en som Lider Urettferdig

Når jeg leder min menighet har jeg sett mange forskjellige slags mennesker. Noen mennesker vil føle Guds kjærlighet bare ved å tenke på Ham og begynne å gråte mens andre har problemer i hjertene deres fordi de ikke dypt inne føler Guds kjærlighet i hjertene deres selv om de tror på og elsker Ham.

Til den grad hvor vi føler Guds kjærlighet kommer an på hvor mye ondskap og synder vi har blitt kvitt. Til den grad vi lever ifølge Guds Ord og kaster vekk ondskap ifra vårt hjerte, kan vi føle Guds dype kjærlighet i vårt hjerte uten at vi har en pause i vår tros vekst. Vi vil kanskje møte vanskeligheter i vår vandring imot troen, men i disse tidene må vi huske på Guds kjærlighet, han som hele tiden venter på oss. Så lenge vi husker på Hans kjærlighet, vil vi ikke ta hånd om en som lider urettferdig.

Å Ta Hånd om en som Lider Urettferdig

I hans bok Helbrede Livets Gjemte Avhengigheter, Dr. Archibald D. Hart, en tidligere rektor for Psykologi Skolen ved Fuller Teknologiske Seminar, sa at en ut av fire ungdommer i Amerika lidere av seriøs depresjon, og denne depresjonen, narkotikaen, seks, Internett, alkohol drikking, og røykingen ødelegger livene til unge mennesker.

Idet misbrukere stopper bruket av narkotika som endrer deres tankegang, følelser og oppførsel, vil de kunne overkomme veldig lite eller kanskje ikke noe i det hele tatt. Misbrukeren vil kanskje vende seg til andre misbrukende gjerninger som kan manipulere hjernens kjemi slik at de kan flykte. Disse misbrukernes oppførsel vil kanskje medbringe seks, kjærlighet og forhold. De kan ikke få en sann tilfredstillelse fra hva som helst, og de kan heller ikke føle nåden og lykken som kommer fra forholdet med Gud, og de vil derfor bli seriøst syke, ifølge Dr. Hart. Misbruk er et forsøk på å få tilfredstillelse ifra andre ting som nåde og lykke som en får ifra Gud, og dette skjer når en ignorerer Gud. En misbruker vil simpelthen tenke på noe han har lidd hele tiden.

Hva er så nå en feil lidelse? Dette refererer til alle onde ting, som ikke ligger i samhold med Guds vilje. Å tenke på ondskap kan bli kategorisert i tre forskjellige kategorier.

Det første er når du gjerne vil at noe galt skal skje med andre mennesker.

La oss for eksempel si at du kranglet med noen. Da hater du ham så mye at du vil tenke, "Jeg håper han snubler og faller ned." La oss også si at du ikke hadde et godt forhold med dine naboer, og noe galt skjedde med ham. Da vil du tenke, "Godt for ham!" Eller "Jeg visste at dette ville skje!" I studenters tilfelle, vil en spesiell student kanskje at en klassekamerat ikke skal gjøre det godt på en eksamen.

Hvis du har en sann kjærlighet inne i deg, vil du aldri tenke slike onde ting. Vil du at dine kjære skal bli syke eller havne i en ulykke? Du vil alltid at din kjære kone eller mann alltid skal være friske og ikke ha noen ulykker. Siden vi ikke har kjærlighet i hjertene våre, vil vi gjerne at noen galt skal skje med andre, og vi jubler gjennom

Kjærlighet: Fullførelse av Loven

andre menneskers ulykkeligheter.

Vi vil også gjerne kjenne til andre menneskers syndigheten eller svakheter, og spre det hvis vi ikke har kjærlighet. Hva hvis du dro til et møte, og noen sa noe dårlig om en annen person. Hvis du er interessert i en slik samtale, da burde du sjekke ditt hjerte. Hvis noen baktalte dine foreldre, ville du fortsette å høre på det? Du ville sikkert be dem om å stoppe med det samme.

Det er selvfølgelig tider og tilfeller hvor du må kjenne til andres situasjoner fordi du gjerne vil hjelpe disse menneskene. Men hvis dette ikke er tilfelle, og hvis du fremdeles gjerne vil høre om andres dårlige forhold, er dette fordi du ønsker å baktale andre og sladre om andre. "Han som gjemmer en synd vil søke etter kjærlighet, men han som gjentar en ting vil skille nære venner" (Salomos Ordspråk 17:9).

De som er gode og som har kjærlighet i hjertene deres vil prøve å dekke over deres feil overfor andre. Og hvis du også har en åndelig tro, vil du heller ikke bli sjalu eller misunnelig på andre selv om de har mer enn deg. Vi vil bare at de skal være rike og elsket av andre. Herren Jesus ba oss om å til og med elske våre fiender. Romerne 12:14 sier, "Velsigne de som fordømmer deg; velsigne og forbann dem ikke."

Den andre delen av onde tanker er de dømmende tankene og fordømmelse av andre.

La oss for eksempel si at du så en annen troende som gikk inn til et sted hvor de troende ikke burde gå. Hva ville du så tenke? Du ville kanskje tenke negative ting om ham til den utstrekning at du er ond, og tenker 'Hvorfor gjør han dette?' Eller hvis du har litt godhet, vil du kanskje undre, 'Hvorfor gikk han til et slikt sted?',

Kjærlighetens Egenskaper

men så forandret du dine meninger og tenkte at han måtte ha en grunn til å gjøre dette.

Men hvis du har åndelig kjærlighet i ditt hjerte, da vil du ikke ha noen slags onde tanker i første omgang. Selv om du hører noe som ikke er godt, vil du ikke dømme eller fordømme denne personen hvis du ikke sjekker tingene om og om igjen. I de fleste tilfeller, hvordan vil foreldrene reagere når de hører noe dårlig om deres barn? De vil ikke lett akseptere det, men de vil heller insistere på at barna deres ikke gjorde noe slikt. De tror at personen som sier disse tingene er onde. Det er på samme måte hvis du virkelig elsker noen, da vil du prøve å tenke på ham på den beste måten.

Men vi vil i dag finne mennesker som tenker ondt om andre og som lett sier dårlige ting om dem. Dette blir ikke bare gjort i personlige forhold, men de kritiserer også de som sitter i offentlige stillinger.

De prøver ikke engang å se hele bilde for å se hva som virkelig skjedde, og fremdeles spredde de ugrunnede rykter. På grunn av aggressive svar på Internettet, er det til og med folk som begår selvmord. De vil bare dømme og fordømme andre på grunn av deres eget synspunkt og ikke gjennom Guds Ord. Men hva er Guds gode vilje?

Jakob 4:12 advarer oss, "Det finnes bare en lovgiver og dommer, Han som kan redde og ødelegge; men hvem er du som dømmer din nabo?"

Det er bare Gud som virkelig kan dømme. Gud forteller oss at det er ondt å dømme våre naboer. Anta at noen virkelig gjorde noe galt. I en slik situasjon er det for de som har en åndelig kjærlighet ikke viktig om en person har rett eller ikke i det han gjorde. De vil bare tenke på alt det som er til fordel for denne personen. De vil bare at denne personens sjel skal vokse og at han skal bli elsket av Gud.

En perfekt kjærlighet er også ikke bare å dekke transgresjonen, men og også hjelpe den andre personen med å angre. Vi burde også kunne lære ut sannheten og røre ved denne personens hjerte slik at vi kan gå den rette veien og endre oss selv. Hvis vi har en perfekt åndelig kjærlighet, behøver vi ikke å prøve å se på denne personen med godhet. Vi vil bare helt naturlig elske en person med mange transgresjoner. Vi vil bare stole på ham og hjelpe ham. Hvis vi ikke har noen dømmende tanker eller fordømmer andre, vil vi være lykkelige med alle de vi møter.

Den tredje delen er alle tankene som ikke er i samsvar med Guds vilje.

Det å ikke bare det å ha onde tanker om andre, men også tanker som ikke stemmer med Guds vilje er også onde tanker. I verden, kan folk som lever etter moralske prinsipper og samvittighet sies at de lever i godhet.

Men hverken moral eller samvittighet kan bli godhetens fullstendige prinsipp. Mange har mange ting som er i motsetning til eller fullstendig motsatt av Guds Ord. Det er bare Guds Ord som kan bli den fullstendige godheten.

De som aksepterer Herren vil tilstå at de er syndere. Mennesker vil kanskje være stolte av seg selv på grunn av at de lever gode og moralske liv, men de er fremdeles onde og de er fremdeles syndere ifølge Guds Ord. Det er fordi alt det som ikke stemmer med Guds Ord er ondskap og synd, og Guds Ord er det eneste fullstendige gode prinsippet.

Så hva er så forskjellen mellom synd og ondskap? På en generell måte, er synd og ondskap begge løgner som setter seg opp imot sannheten som er Guds Ord. De er mørket, som setter seg opp imot Gud, Han som er selve Lyset.

Men når vi går inn i større detaljer er de ganske forskjellige fra hverandre. For å sammenligne disse to med et tre, 'ondskap' er akkurat som roten som sitter i bakken og som ikke er synlig, og 'synden' er akkurat som greinene, bladene, og frukten.

Uten en rot, kan et tre ikke ha greiner, blader, eller frukt. På samme måte er synden oppnådd på grunn av ondskap. Ondskap er en egenskap som ligger i ens hjerte. Det er egenskapen som setter seg opp imot godhet, kjærlighet, og Guds sannhet. Når denne ondskapen blir åpenbart på en spesiell måte, kan den bli referert til som synd.

Jesus sa, "Et godt menneske bringer fram godt av hjertets gode forråd, et ondt menneske bringer frem ondt av hjertets onde forråd. For det hjertet er fullt av, det sier munnen" (Lukas 6:45).

Anta at en person sier noe som skader noen andre som han hater. Det er slik ondskapen i hans hjerte viser seg som 'hat' og 'onde ord', som er spesielle synder. En synd blir virkeliggjort og fastsatt ifølge prinsippet som de kaller Guds Ord, som er budskapene.

Uten en lov er det ingen som kan straffe noen fordi det ikke finnes noen prinsipper i innsikten og dømmingen. Synd kan på samme måte bli avslørt siden den står opp imot Guds Ord. Synd kan bli kategorisert inn til kjødelige ting og kjødelige arbeider. Kjødelige ting er synder som har blitt fullført gjennom hjertet og tanker som hat, misunnelse, sjalusi, og utroskapelige tanker, mens kjødelig arbeide er synder som har blitt utført gjennom gjerninger som krangling, raserianfall, eller mord.

De er mye i likhet med synder eller forbrytelser fra denne verden som også blir kategorisert inn i forskjellige synder. Avhengig av hvem forbrytelsen har skadet, det kan være et land, et folk, eller en enkelt person.

Men selv om en har ondskap i ens hjerte, er det ikke sikkert at han vil synde. Hvis han hører på Guds Ord og har selvbeherskelse, da kan han unngå det å begå synder selv om han har ondskap i hans hjerte. På dette stadiet, vil han kanskje bare være tilfredsstilt ved å tenke på at han allerede har fullført frelse siden han ikke begår bevisende synder.

For å kunne bli fullstendig renset, må vi med andre ord bli kvitt ondskapen som ligger dypt inne i vårt hjerte. Inne i ens karakter ligger ondskapen som en har arvet ifra foreldrene. Det blir ikke vanlig avslørt i vanlige situasjoner, men det vil vise seg i en ekstrem situasjon.

Et koreansk sagn sier, "All ondskap hopper over gjerdet til naboen hvis de har sultet i tre dager." Det er det samme som "Nødvendighet vedkjenner ingen Lover." Helt til vi blir fullstendig tilfredsstilte, kan ondskapen som ble gjemt, bli avslørt i en ekstrem situasjon.

Selv om de er forferdelig små, er avføringen fra fluene fremdeles avføring. Mye på den samme måten er alle ting som ikke er perfekte i den perfekte Guds øyne alle former for ondskap, selv om de ikke er synder. Det er derfor 1. Tessalonikerne 5:22 sier, "...hold deg vekk ifra all slags ondskap."

Gud er selv kjærligheten. Stort sett vil Guds befalinger bli trukket samme til 'kjærlighet'. Det vil si at det er ondt og ulovlig å ikke elske. Og derfor ved å sjekke om vi tar i betraktning noen som lider urettferdig, kan vi tenke på hvor mye kjærlighet vi har i oss. Til den grad hvor vi elsker Gud og andre sjeler, vil vi ikke ta i betraktning noen som lider urettferdig.

Dette er Hans budskap, at vi tror på Hans Sønn Jesu Kristi navn, og elsker hverandre, akkurat som Han bad oss om å gjøre (1. Johannes 3:23).

Kjærlighet vil ikke gjøre noe ille imot en nabo; kjærligheten er derfor lovens fullførelse (Romerne 13:10).

Å Ikke Legge Vekt på en som Lider Urettferdig

For å ikke legge vekt på en som lider urettferdig, må vi over alt annet ikke engang se eller høre onde ting. Selv om vi tilfeldig ser eller hører, burde vi prøve å hverken huske eller tenke på det igjen. Vi må prøve å ikke tenke på det. Noen ganger vil vi selvfølgelig ikke kunne kontrollere våre egne tanker. En viss tanke vil kanskje til og med reise seg sterkere idet vi prøver å ikke tenke på det. Men idet samme som vi prøver gjennom bønner å ikke ha noen ondskap, vil den Hellige Ånd hjelpe oss. Vi må aldri med hensikt se, høre, eller tenke på onde ting, og vi burde også kaste bort tankene som kortvarig viser seg i våre sinn.

Vi må heller ikke delta i noe ondt arbeide. 2. Johannes 1:10-11 sier, "Hvis noen kommer til deg og ikke har med seg deres lære, ta ikke imot ham inn i ditt hus, og ønsk han ikke velkommen; for han som ønsker ham velkommen vil delta i onde gjerninger." Gud råder oss til å unngå ondskap og ikke akseptere det.

Mennesker arver syndige egenskaper fra deres foreldre. Mens vi levde her i denne verden, kom mennesker i kontakt med så mange løgner. Basert på denne syndige naturen og løgnene, vil personen utvikle deres personlige karakter eller 'jeg'. Et kristelig liv er å kaste bort disse syndige egenskapene og løgnene fra det øyeblikket hvor vi aksepterer Herren. For å kaste bort denne syndige egenskapen og usannhetene, må vi ha mye tålmodighet og arbeide hardt med det. Siden vi lever her i denne verden, kjenner vi mye bedre til usannheten enn sannheten. Det er forholdsvis lettere å akseptere usannheten og sette den inne i oss enn det er å bli kvitt den. Det er for eksempel lettere å flekke til en hvit kjole med sort blekk enn det er å fjerne flekken og få den til å bli fullstendig hvit igjen.

Og selv om ondskapen ser veldig liten ut, kan den vokse og bli til noe veldig stort bare på kort tid. Akkurat som Galaterne 5:9 sier, "Litt surdeig gjennomsyrer hele deigen," bare litt ondskap kan spre seg til mange mennesker veldig hurtig. Vi må derfor være veldig forsiktige selv om det bare finnes litt ondskap. For å kunne unnvære å tenke på ondskapen, må vi hate den uten å engang tenke på den. Gud ber oss om å "Hat ondskapen, dere som elsker HERREN" (Salmenes Bok 97:10), og vi vil lære oss at "Frykten overfor HERREN er å hate ondskapen" (Salomos Ordspråk 8:13).

Hvis du lidenskapelig elsker noen, vil du like hva denne personen liker og du vil ikke like det denne personen ikke liker. Det behøver ikke å være noen grunn for det. Når Guds barn som har mottatt den Hellige Ånd synder, da vil den Hellige Ånden inne i dem grynte. Så i hjertet deres sitter det en viss smerte. Da innser de at Gud hater alt det de gjorde, og de vil prøve å ikke synde igjen. Det er viktig å prøve å kaste bort selv en liten form for ondskap og ikke akseptere noe mer ondskap.

Vær Utrustet Med Guds Ord og Bønner

Ondskap er slik en ubrukelig ting. Salomos Ordspråk 22:8 sier, "Han som sår urettferdighet vil innhøste forfengelighet." Vi eller våre barn vil bli syke, eller vi vil kanskje havne i ulykker. Vi vil kanskje leve i sorg på grunn av fattigdom og familieproblemer. Alle disse problemene vil til slutt komme ifra ondskapen.

Bli ikke bedratt, Gud blir ikke hånet; for alt det som et menneske sår, vil han også innhøste (Galaterne 6:7).

Problemet vil kanskje ikke oppstå rett foran våre øyne med det samme. Når ondskapen i dette tilfelle til slutt samler seg opp til et visst punkt, kan det til og med gi våre barn problemer senere. Siden de verdslige menneskene ikke forstår en slik regel, vil de gjøre mange onde ting på mange forskjellige måter.

De vil for eksempel se på det som normalt å ta hevn på de som tidligere hadde gjort dem noe vondt. Men Salomos Ordspråk 20:22 sier, "Si ikke, 'Jeg vil godtgjøre ondskapen'; vent på HERREN og Han vil redde dere."

Gud styrer livet, døden, rikdommen og fattigdommen til menneskene ifølge Hans rettferdighet. Så hvis vi gjør gode ting ifølge Guds Ord, da vil vi helt sikkert innhøste de gode fruktene.

128

Det er på samme måte som det ble lovet i 2. Mosebok 20:6, "...men å vise barmhjertighet overfor tusenvis, til de som elsker Meg og som lever ifølge Mine budskap."

For å holde oss vekk ifra ondskap, må vi hate ondskapen. Og på toppen av dette, må vi ha mye av to ting hele tiden. Dette er Guds Ord og bønner. Når vi formidler Guds Ord dag og natt, da kan vi drive vekk onde tanker og ha åndelige og gode tanker. Vi kan forstå hva slags handlinger som kommer ifra en sann kjærlighet.

Og idet vi ber, forteller bare dypere og dypere om Ordet, slik at vi kan innse den ondskapen som sitter i våre ord og gjerninger. Når vi ber iherdig ved hjelp av den Hellige Ånd, kan vi styre over og kaste bort ondskapen ifra vårt hjerte. La oss hurtig kaste bort ondskapen gjennom Guds Ord og be slik at vi kan leve et liv fylt med glede.

10. Kjærlighet Jubler Ikke Om Urettferdighet

Jo mer utviklet miljøet er, jo større sjanse er det for at de ærlige menneskene skal overvinne. I motsetning vil de mindre utviklede landene ha en tendens til å ha mer korrupsjon, og en kan nesten få alt det en vil eller gjort hvis en har nok penger. Korrupsjon blir kalt en sykdom i landet, for den kan bli forbundet med landets velstand. Korrupsjon og urettferdigheter vil også til en viss grad berøre individuelle personer. Selvgode mennesker kan ikke få en virkelig tilfredstillelse fordi de bare tenker på seg selv og de kan ikke elske andre.

Å ikke juble gjennom urettferdigheten og ikke holde øye på folk som lider urettferdig er nesten det samme. 'Å ikke holde øye på noen som lider urettferdig' er å ikke ha noen form for ondskap i hjertet. 'Å ikke juble på grunn av urettferdighet' er å ikke være tilfreds med skamfull eller vanærede gjerninger, og det er også det samme som å ikke delta i dem.

Anta at du er sjalu på en venn som er rik. Du liker ham heller ikke fordi det virker som om han alltid skryter av hans rikdom. Du tenker også at, 'Han er så rik, og hva med meg? Jeg håper han går konkurs.' Dette er å tenke på onde ting. Men en dag var det noen som bedro ham, og hans firma gikk konkurs på en dag. Hvis du her tilfredsstillende vil tenke, 'Han skryter av hans rikdom, så godt for ham!' Da vil dette si at du er glad for eller tilfreds med urettferdigheten. Hvis du også deltar i et slikt arbeide, vil dette bety at du aktivt jubler om urettferdighet.

Det finnes generell urettferdighet, som til og med de ikke

troende ser på som urettferdig. Det er for eksempel noen mennesker som får deres rikdommer på grunn av svindel eller ved å true andre med vold. En vil kanskje bryte reglene eller lovene i landet og akseptere noe til gjengjeld for hans personlige gevinst. Hvis en dommer gir en urettferdig straff etter at han har mottatt bestikkelser, og en uskyldig mann blir straffet, vil dette være urettferdig i alle folk syn. Dette er å misbruke hans myndighet som en dommer.

Når noen selger noe, vil han kanskje jukse med mengden eller kvaliteten. Han vil kanskje bruke dårlig kvalitet på materialet for å få bedre fortjeneste. De vil ikke tenke på andre, men vil bare tenke på deres egne kortvarige fordeler. De vet godt hva som er riktig, men de vil ikke nøle med å svindle andre fordi de godt liker urettferdige penger. Det finnes egentlig veldig mange mennesker som svindler andre for deres egne fordeler. Men hva med oss? Kan vi si at vi er rene?

Hva hvis noe i likhet av dette skjer. Du er en sivilarbeider og du fikk vite at en av dine nærmeste venner tjener en god del penger ulovlig i en eller annen forretning. Hvis han blir tatt, vil han bli sterkt straffet, og denne vennen gir deg en stor sum penger for at du ikke skal si noe og for at du skal ignorer det en stund. Han sier at han vil til og med gi deg mer senere. Samtidig som dette skjer har din familie store vanskeligheter og du trenger sårt en slik stor sum med penger. Hva ville du så gjøre?

La oss innbille oss en annen situasjon. En dag du sjekket din bankkonto og du fant ut at du hadde mer penger enn du tror du skulle ha. Du finner ut at beløpet som skulle blitt tatt ut for skatt

Kjærlighetens Egenskaper

ikke hadde blitt tatt ut. Hvordan ville du reagere i et slikt tilfelle? Ville du juble og tenke at det er deres feil og at det ikke er ditt ansvar?

2. Kronikerne 19:7 sier, "La nå frykt for HERREN være over dere! Vær varsomme i all deres ferd! For hos HERREN vår Gud er det ingen urett. Han gjør ikke forskjell på folk og tar ikke imot bestikkelser." Gud er rettferdig; Han har ikke noen som helst urettferdighet. Vi vil kanskje være beskyttet fra menneskenes øyne, men vi kan ikke bedra Gud. Så selv gjennom Guds frykt, må vi spasere på en riktige siden av ærligheten.

Ta en titt på tilfellet Abraham. Når hans nevø ble tatt til fange i krigen i Sodoma, tok Abraham ikke bare tilbake hans nevø, men også de andre menneskene som hadde blitt fanget og også deres eiendeler. Kongen i Sodoma ville gjerne vise hans takknemlighet ved å gi Abraham noe av de tingene som Abraham hadde gitt tilbake til kongen, men Abraham ville ikke akseptere det.

> *Abraham sa til kongen i Sodoma, "Jeg har sverget til HERREN Gud Den Mektige, eieren av himmelen og Jorden, at jeg ikke vil engang ta en tråd eller en sandal rem eller noe annet fra deg, og på grunn av frykt vil du si, 'Jeg har gjort Abram rik'" (1. Mosebok 14:22-23).*

Når hans kone Sara døde, ofret eieren av området ham en begravelsesplass, men han tok det ikke. Han betalte bare den vanlige prisen. Dette var slik at det ikke skulle bli noen konflikter i fremtiden angående landet. Han gjorde dette fordi han var et ærlig menneske; han ville ikke ta til seg noen urettferdig eller ufortjent gevinst. Hvis det var penger han var ute etter kunne han bare ha gjort det som hadde vært gunstig for ham.

De som elsker Gud og de som er elsket av Gud vil aldri skade noen eller søke etter deres eget gagn ved å bryte loven i landet. De forventer ikke mer enn det de tror de fortjener slik at de kan gjøre deres ærlige arbeide. De som jubler på grunn av rettferdigheten elsker ikke Gud eller deres naboer.

Urettferdighet i Guds Øyne

Herrens urettferdighet er litt annerledes enn den generelle urettferdigheten. Det er ikke bare å bryte loven og skade andre, men også alle og hver eneste synd som setter seg opp imot Guds Ord. Når ondskapen i hjertet kommer frem i en spesiell form, er dette en synd, og dette er urettferdig. Blant de mange synder, vil urettferdigheten spesielt referere til det kjødelige arbeide.

Det vil si hat, misunnelse, sjalusi, og andre ondskaper i hjertet kan bli sett på i handling som krangel, vold, svindel, eller mord. Bibelen forteller oss at hvis vi er urettferdige, er det til og med vanskelig for oss å bli frelst.

1. Korinterne 6:9-10 sier, "Eller vet dere ikke at de urettferdige ikke vil arve Guds kongerike? Bli ikke bedratt; eller utuktige mennesker, eller idoltilbedere, eller ekteskapsbrytere, eller menn som ligger med menn, eller som lar seg ligge med, verken tyver, grådige, drukkenbolter, spottere eller ransmenn skal arve Guds rike."

Akan er en av menneskene som elsket urettferdighet og som endte med hans ødeleggelse. Han kom fra Eksodus annen generasjon og siden barndommen hadde han både hørt og sett hva Gud hadde gjort for hans folk. Han så skysøylen om dagen og ildsøylen om natten som ledet dem. Han så at den flytende Jordan elven stoppet å flyte og at den uangripelige byen ble tatt og beslaglagt bare på et øyeblikk. Han kjente også godt til lederes Josvas befaling om at ingen av dem måtte ta noe av tingene som var i Jeriko byen, for de skulle bli ofret til Gud.

Men så fort han så tingene som var i byen Jeriko, mistet han all hans forstand på grunn av hans grådighet. Etter at han hadde bodd et tørt liv lenge i villmarken, så tingene i byen veldig vakre ut for ham. Med en gang han så den vakre kåpen og gull og sølv tingene, glemte han Guds Ord og Josvas befaling og gjemte dem for seg selv.

På grunn av denne synden til Akan hvor han brøt Guds befaling, fikk Israel mange sårede i den neste kampen. Det var gjennom tapet at Akans urettferdighet ble avslørt, og han og hans familie ble steinet. Steinene ble til en haug og stedet er nå kalt Akor Dalen.

Se også på kapitlene i 4. Mosebok 22-24 kapittel. Balaam var et menneske som kunne kommunisere med Gud. En dag spurte Balak, kongen i Moab om han kunne forbanne folkene i Israel. Så Gud sa til Balaam, "Gå ikke sammen med dem; du skal ikke forbanne menneskene, for de er velsignet" (4. Mosebok 22:12).

Etter at Balaam hadde hørt Guds Ord nektet han å svare på kongen Moabittens spørsmål. Men når kongen sendte ham gull og sølv og mange andre skatter, da ble hans sinn rystet. Til slutt ble hans øyne blindet av skattene, og han lærte kongen hvordan han kunne sette opp en felle for isrelerne. Hva ble resultatet?

Israelerne spiste maten som hadde blitt ofret for idolene og begikk utroskap ved å dermed gi dem stort opprør, og Balaam ble til slutt drept av et sverd. Dette var resultatet av å elske den urettferdige gevinsten.

Urettferdighet er direkte forbundet med frelse i Guds øyne. Hvis vi ser brødre og søstre i troen som oppfører seg urettferdig på samme måte som de ikke troende her i verden, hva burde vi gjøre? Vi må selvfølgelig sørge over dem, be for dem, og hjelpe dem til å leve ifølge Ordet. Men noen mennesker misunner disse menneskene og tenker, 'Jeg vil også føre et lettere og mer komfortabelt kristelig liv som dem.' Hvis du også deltar sammen med dem, kan vi ikke si at du elsker Herren.

Jesus som er uskyldig døde for at vi som er urettferdige skulle komme til Gud (1. Peter 3:18). Idet vi innser denne store kjærligheten til Herren, må vi aldri juble urettferdig. De som ikke jubler gjennom urettferdighet unngår ikke bare det å praktisere urettferdig, men de vil aktivt leve ifølge Guds Ord. Da kan de bli Herrens venner og leve velstående liv (Johannes 15:14).

11. Kjærlighet Jubler ved Sannheten

Johannes, en av de tolv disiplene til Jesus, ble frelst fra å bli drept som en martyr og levde helt til han døde av gammel alder mens hans spredde evangeliet til Jesus Kristus og Guds vilje til mange mennesker. En av tingene som han nøt i hans siste år var å høre at de troende prøvde å leve ifølge Guds Ord, sannheten.

Han sa, "For Jeg var veldig glad når brødrene kom og vitnet til din sannferdighet, det vil si, måten du spaserer i sannheten på. Jeg har ingen større lykke enn dette, å høre at Mine barn spaserer i sannheten" (3. Johannes 1:3-4).

Vi kan se hvor lykkelig Han var fra dette uttrykket, 'Jeg var veldig lykkelig'. Han hadde før vært veldig snarsint selv om han ble kalt tordens sønn når han var yngre, men etter at han hadde forandret seg, ble han kalt kjærlighetens disippel.

Hvis vi elsker Gud, vil vi ikke være urettferdige, og vi vil heller være sannferdige. Vi vil også juble over sannheten. Sannheten refererer til Jesus Kristus, til evangeliet og til alle de 66 bøkene i Bibelen. De som elsker Gud og som er elsket av Ham vil helt sikkert juble sammen med Jesus Kristus og med evangeliet. De jubler når Guds kongerike blir større. Hva betyr det så når de jubler gjennom sannheten?

Først betyr det å juble gjennom 'evangeliet'.

'Evangeliet' er den gode nyheten om at vi har blitt frelst gjennom Jesus Kristus og kommer til himmelens kongerike.

Kjærlighet: Fullførelse av Loven

Mange mennesker vil søke etter sannheten og spørre spørsmål som, 'Hva er grunnen til livet? Hva er et verdifullt liv?' For å få svarene på disse spørsmålene, vil de studere ideer og filosofi, eller de vil prøve å få svar gjennom forskjellige religioner. Men sannheten er selve Jesus Kristus, og ingen kan komme til Himmelen uten Jesus Kristus. Det er derfor Jesus sa, "Jeg er veien, sannheten og livet; ingen kommer til Faderen utenom Meg" (Johannes 14:6).

Vi mottok frelse og et evig liv ved å akseptere Jesus Kristus. Vi blir tilgitt våre synder gjennom Herrens blod og vi blir flyttet fra Helvete til Himmelen. Vi kan nå forstå meningen med livet og leve et verdifullt liv. Det er derfor veldig naturlig at vi jubler for evangeliet. De som jubler gjennom evangeliet vil også iherdig åpenbare det overfor andre. De vil fullføre deres forpliktelser som Gud ga dem og arbeide trofast for å spre evangeliet. De vil også juble når sjelene hører evangeliet og mottar frelse ved å akseptere Herren. De jubler når Guds kongerike blir større. "[Gud] vil gjerne at alle mennesker skal bli kjent med sannheten" (1. Timoteus 2:4).

Men det finnes noen troende som er sjalue på andre når de forkynner til mange mennesker og får stort utbytte. Noen kirker er sjalue på andre kirker når de vokser og lovpriser Gud. Dette betyr at en ikke fryder seg over sannheten. Hvis vi har en åndelig kjærlighet i vårt hjerte, vil vi juble når vi ser Guds kongerike som lett blir fullført. Vi vil juble sammen når vi ser en kirke som vokser og som er elsket av Gud. Dette er å juble gjennom sannheten, som er det samme som å juble gjennom evangeliet.

For det andre betyr det å fryde seg over sannheten det samme

137

som å fryde seg over alt det som tilhører sannheten.

Det er å fryde seg ved å se, høre, og gjøre ting som tilhører sannheten, som for eksempel godhet, kjærlighet, og rettferdighet. De som jubler for sannheten blir rørt og vil gråte når de hører om selv de minste gode gjerninger. De vil tilstå at Guds Ord er selve sannheten og at den er søtere enn honning fra en bikube. Så de jubler når de hører på gudstjenestene og leser i Bibelen. De vil også juble når de praktiserer Guds Ord. De vil lykkelig adlyde Guds Ord som ber oss om å 'tjene, forstå, og tilgi' selv de som gjør det vanskelig for dem.

David elsket Gud og han ville bygge Guds Tempel. Men Gud lot ham ikke gjøre dette. Grunnen står skrevet i 1. Kronikerne 28:3: "Du skal ikke bygge et hus i Mitt navn fordi du er et menneske som har kommet fra krigen og du har blødd." Det var ikke til å unngå for David å utgyte blod siden han hadde vært i mange kriger, men i Guds øyne var David ikke det riktige menneske for denne oppgaven.

David kunne ikke selv bygge Tempelet, men han forberedte alle bygge materialene slik at hans sønn Salomon kunne bygge det. David forberedte materialene så godt han kunne, og bare dette gjorde ham overlykkelig. "Da jublet menneskene fordi de hadde ofret seg så villig, fordi de ga deres ofringer til HERREN med hele deres hjerte, og Kong David jublet også veldig høyt" (1. Kronikerne 29:9).

På samme måte vil de som fryder seg over sannheten også fryde seg når andre mennesker gjør det godt. De vil ikke være sjalue. Det er utenkelig for dem å tenke på onde ting som, 'noe galt burde skje med den personen,' eller det å finne tilfredshet på grunn av andre

Kjærlighet: Fullførelse av Loven

menneskers ulykke. Når de ser at det skjer noe som er urettferdig, da vil de sørge over det. De som fryder seg over sannheten kan også veldig godt like godheten, gjennom et uforandret hjerte, og gjennom sannheten og hederligheten. De vil juble med gode ord og gode gjerninger. Gud vil også fryde seg over dem jublende, akkurat som det står i Sefanja 3:17, "HERREN din Gud er hos deg, en helt som har makt til å frelse. Han gleder og fryder seg over deg og gir deg på ny sin kjærlighet. Han jubler over deg med fryd som på en høytidsdag."

Selv om du ikke hele tiden kan juble gjennom sannheten, behøver du ikke å tape ditt hjerte eller bli skuffet. Hvis du prøver ditt beste, vil den kjærlige Gud til og med ta dette i betraktning som om du 'fryder deg i sannheten.'

For det tredje er det å fryde seg over sannheten det samme som å tro på Guds Ord og å prøve å praktisere det.

Det er sjeldent en kan finne en person som bare kan fryde seg over sannheten helt fra begynnelsen av. Så lenge vi har mørket og usannheten i oss, vil vi fremdeles ha onde tanker eller vi vil kanskje juble gjennom urettferdigheten. Men når vi litt etter litt forandrer oss og kaster vekk all usannheten fra vårt hjerte, da kan vi fullstendig fryde oss over sannheten. Helt til da må vi bare prøve hardere.

Det er for eksempel ikke alle som liker å gå til gudstjenester i kirken. I de nye troendes tilfelle, eller de som har liten tro, vil de kanskje føle seg trette, eller hjertet deres vil kanskje være et annet sted. De vil kanskje tenke på resultatet fra en baseball kamp eller kanskje de er nervøse angående et firma møte som de skal til i morgen.

Men gjerningen med å bare komme til det Hellige Rom og være med på gudstjenesten er i hvert fall et forsøk på å adlyde Guds Ord. Dette betyr at en ikke fryder seg over sannheten. Hvorfor prøver vi på denne måten? Det er for å motta frelse og for å komme til Himmelen. Siden vi hørte sannhetens Ord og vi tror på Gud, vil vi også tro på at det finnes bedømmelse, og at det finnes et Helvete og en Himmel. Siden vi vet at det finnes forskjellige belønninger i Himmelen, vil vi prøve hardere å bli frelst og vil arbeide trofast i alle Guds hus. Selv om vi kanskje ikke fryder oss 100% over sannheten, vil det si å fryde seg over sannheten hvis vi prøver vårt beste gjennom troen.

Å Sulte og Tørste etter Sannheten

Det burde være veldig naturlig for oss å juble gjennom sannheten. Det er bare sannheten som gir oss et evig liv og som kan fullstendig endre oss. Hvis vi hører sannheten, det vil si evangeliet, og praktiserer det, da vil vi få et evig liv, og vi vil bli Guds sannferdige barn. Siden vi blir fylt med håp for det himmelske kongerike og den åndelige kjærligheten, da vil våre ansikter skinne av lykke. Og til den grad hvor vi blir sannferdige, vil vi bli lykkelige fordi vi er elsket og velsignet av Gud, og også fordi vi er elsket av mange mennesker.

Vi burde hele tiden fryde oss over sannheten, og vi burde også være tørste og sultne etter sannheten. Hvis vi sulter og tørster etter

Kjærlighet: Fullførelse av Loven

sannheten, da vil vi virkelig ha mat og drikke. Når vi lengter etter sannheten, må vi virkelig lengte etter det slik at vi hurtig kan endre oss til et sannferdig menneske. Vi må leve et liv ved å alltid spise og drikke sannheten. Hva betyr det å spise og drikke sannheten? Det betyr å holde på Guds Ord, sannheten, i vårt hjerte og praktisere det.

Hvis vi står rett overfor noen som vi elsker veldig høyt, er det vanskelig å gjemme lykken i vårt ansikt. Det samme gjelder når vi elsker Gud. Akkurat nå kan vi ikke stå ansikt til ansikt med Gud, men hvis vi virkelig elsker Gud, vil det vises utenpå. Det vil si at hvis vi bare hører eller ser noe angående sannheten, da vil dette gjøre oss glade og lykkelige. Våre lykkelige ansikter vil ikke gå umerket av andre mennesker rundt oss. Vi vil gråte med takknemlighet bare ved å tenke på Gud og Herren, og våre hjerter vil bli rørt bare ved de små gode gjerningene.

Tårene som tilhører godheten, som for eksempel takknemlighets tårer og sørgende tårer for andre sjeler vil bli til vakre juveler som senere vil pynte alle våre huser i Himmelen. La oss juble over sannheten slik at våre liv vil bli fulle av bevis på at vi er elsket av Gud.

Egenskapene av den Åndelige Kjærligheten II	6. En Skal Ikke Oppfører seg Usømmelig
	7. En Skal Ikke Søke etter Sitt Eget Gagn
	8. En Skal Ikke Bli Provosert
	9. En Skal Ikke Legge Vekt på en som Lider Urettferdig
	10. En Burde Ikke Juble Over Urettferdighet
	11. En vil Juble over Sannheten

141

12. Kjærlighet Holder På Alt

Idet vi aksepterer Jesus Kristus og prøver å leve ifølge Guds Ord, finnes det mange ting som vi må overvinne. Vi må klare provoserende situasjoner. Vi må også kunne styre vår selvbeherskelse over vår tendens til å følge vårt egne gagn. Det er derfor når en beskriver kjærlighetens første egenskap at en sier at en er tålmodig.

Å være tålmodig er kampen en har inne i seg som en person erfarer idet han prøver å bli kvitt usannhetene i hjertet. Å 'holde på alle ting' har en større mening. Etter at vi kultiverer sannheten i vårt hjerte gjennom tålmodighet, må vi klare alle smertene som kanskje kommer på grunn av andre mennesker. Det gjelder spesielt alle tingene som ikke er i henhold til den åndelige kjærligheten.

Jesus kom hit til jorden for å redde synderne, og hvordan behandlet menneskene ham? Han gjorde bare gode ting, og fremdeles hånte de Ham, blåste i Ham og kikket likegyldig på Ham. Til slutt korsfestet de Ham. Jesus til fremdeles alt dette til seg fra alle menneskene og Han ofret dem hele tiden forbønner. Han ba for dem og sa, "Fader, tilgi dem; for de vet ikke hva de gjør" (Lukas 23:34).

Hva var resultatet av at Jesus tok til seg alle tingene og elsket menneskene? Alle som aksepterer Jesus som deres personlige Frelser, kan nå motta frelse og bli Guds barn. Vi ble satt fri fra døden og har blitt flyttet til det evige livet.

Et koreansk sagn sier, "Slip en øks for å lage en nål." Dette betyr at vi kan fullføre alle slags oppgaver gjennom tålmodighet og utholdenhet. Hvor mye tid og energi ville en trenge for å slipe en stål øks for å lage en skarp nål? Det kan virke som en helt umulig oppgave så en vil kanskje undre, "Hvorfor selgere du ikke bare øksen slik at du kan kjøpe en nål?"

Men Gud har villig tatt på seg en slik oppgave, fordi Han er vår ånds herre. Det tar lang tid for Gud å bli sint og Han vil alltid ha tålmodighet med oss og vise oss barmhjertighet og elskverdighet bare fordi Han elsker oss. Han former og polerer menneskene selv om hjertene deres er like harde som stål. Han venter for at hvem som helst skal bli Hans sanne barn, selv om det ikke virker som om de har noen sjanse om å bli ett.

Et skadet strå vil Han ikke brekke, og en ulmende veke vil han ikke slukke, før Han seirer med rettferdigheten (Matteus 12:20).

Selv i dag vil Gud bære på alle smertene som kommer når Han ser på alle menneskenes handlinger og jublende venter på oss. Han har vært tålmodig med mennesker, ventet på dem for at de skulle endre seg gjennom godheten selv om de har vært onde i tusenvis av år. Selv om de snudde deres rygg til Gud og tjente idoler, viste Gud dem at Han er den sannferdige Gud og trengte seg inn i dem gjennom troen. Hvis Gud sier, Du er full av urettferdighet og du er hjelpeløs. Jeg kan ikke klare deg mer," hvor mange mennesker vil så bli frelst?

Akkurat som det stod i Jeremias 31:3, Jeg har elsket dere med en evig kjærlighet; derfor lar Jeg min miskunn mot deg vare," Gud leder oss med denne evige, uendelige kjærligheten.

Å utføre mitt prestekall som en prest i en stor kirke har jeg til en viss grad kunnet forstå en slik tålmodighet som Gud har. Det har vært mennesker som har vært veldig onde eller hatt mange svakheter, men siden jeg har følt Guds hjerte har jeg alltid sett på dem gjennom troende øyne og tenke at de før eller siden ville endre seg og så lovprise Gud. Idet jeg har om og om igjen vært tålmodige med dem, er det mange kirkemedlemmer som vokste opp som gode ledere.

Hver gang vil jeg snart glemme om den gangen jeg måtte tåle litt ekstra fra dem, og jeg føler som om det bare var for et lite øyeblikk. I 2. Peter 3:8 står det skrevet, "Men en ting, mine kjære, må dere ikke glemme: For Herren er en dag som tusen år og tusen år som en dag," og jeg kunne forstå hva dette verset betydde. Gud holder på alt i lang tid og fremdeles tenker Han på disse tidene som bare et kort øyeblikk. La oss anerkjenne denne kjærligheten som Gud har og med dette la oss elske alle omkring oss.

13. Kjærlighet Tror På Alt

Hvis du virkelig elsker noen, da vil du tro på alt som denne personen gjør og sier. Selv om denne personen har noen svakheter, vil Han fremdeles prøve å trop å denne personen.En mann og en kone er bundet sammen på grunn av kjærlighet. Hvis et ektepar ikke elsker hverandre, da betyr det at de ikke stoler på hverandre, så de vil krangle over hver eneste liten ting og de vil tvile på alt som har med deres ektemake å gjøre. I seriøse tilfeller innbiller de seg også at den andre er utro og vil gi hverandre både fysiske og psykiske smerter. Hvis de virkelig elsker hverandre, da vil de stole fullstendig på hverandre, og de vil tro på at deres ektemake er en god person og vil til slutt gjøre det godt. Og akkurat som de trodde ble deres ektemaker veldig gode på deres område eller de ville lykkes i alt det de gjorde.

Tillit og tro kan bli en standard hvor vi måler kjærlighetens styrke. Å fullstendig tro på Gud betyr derfor å fullstendig elske Ham. Abraham, troen far, ble kalt Guds venn. Uten noen nøling adlød Abraham Guds befaling om å ofre hans eneste sønn Isak. Han kunne gjøre dette fordi han trodde fult og fast på Gud. Gud så Abrahams tro og erkjente hans kjærlighet.

Kjærlighet er å tro. De som fullstendig elsker Gud vil også fullstendig tro på Ham. De tror på alle ordene fra Gud 100%. Og fordi de tror på alle tingene, vil de også klare å tåle alt. De tåler alt med hensyn til kjærlighet, og vi må tro. Det er nemlig bare når vi bare tror på alle Guds ord at vi kan ha håp om alle ting og omskjære vårt hjerte for å bli kvitt alt det som setter seg opp imot kjærlighet.

På en strengere måte, er det selvfølgelig ikke det at vi trodde på Gud fordi vi elsket Ham helt fra begynnelsen. Gud elsket oss først, og ved å tro på dette, begynte vi å elske Gud. Hvordan elsket Gud oss? Han ga oss helt uforbeholdent hans eneste sønn, vi som er syndere, for å åpne veien for vår frelse.

I begynnelsen begynte vi å elske Gud ved å tro på dette, men hvis vi fullstendig kultiverer den åndelige kjærligheten, vil vi nå et nivå hvor vi fullstendig tror fordi vi elsker. Å kultivere åndelig kjærlighet fullstendig betyr at vi har allerede kastet vekk alle løgnene fra hjertet. Hvis vi ikke har noen usannhet i vårt hjerte, da vil vi få åndelig kjærlighet ovenfra, som vi kan tro på helt dypt i vårt hjerte. Da kan vi aldri tvile på Guds Ord, og vår tillit til Gud kan aldri bli rystet. Og hvis vi også fullstendig kultiverer en åndelig kjærlighet, da vil vi tro på alle mennesker. Dette er ikke fordi alle mennesker er tillitsfulle, men selv når de er fulle av urettferdigheter og har mange svakheter, vil vi se på dem med troens øyne.

Vi burde være villige til å tro på alle mennesker. Vi må også tro på oss selv. Selv om også vi har mange svakheter, må vi tro på at Gud vil forandre oss, og vi må kikke på oss selv med troende øyne som snart vil endre seg. Den Hellige Ånd vil alltid fortelle oss i vårt hjerte, "Dere kan gjøre dette. Jeg vil hjelpe dere." Hvis du tror på en slik kjærlighet og tilstår, "Jeg kan gjøre det godt, Jeg kan forandre meg," da vil Gud fullføre det ifølge din erkjennelse og tro. Hvor deilig er det ikke å tro! Gud tror også på oss. Han tror at hver og en av oss vil bli kjent med Guds kjærlighet og bli frelst. Siden Han kikket på oss alle med troens øyne, ofret Han uforbeholdent Hans eneste sønn, Jesus, på korset. Gud tror at til og med de som ikke ennå kjenner til eller tror på Herren vil bli reddet og vil komme til Gud. Han tror at de som allerede har akseptert Herren vil forandre seg til barn som ligner Gud veldig mye. La oss tro på alle mennesker som har en slik kjærlighet for Gud.

14. Kjærlighet Har Håp for Alt

Det blir sagt at de følgende ordene ble skrevet på en av gravsteinene på Westminster Abbey i Storbritannia, "Når jeg var yngre ville jeg gjerne forandre på verden, men jeg kunne ikke. Ved middelalderen prøvde jeg å forandre min familie, men det klarte jeg ikke. Bare nær min død innså jeg at jeg kunne ha forandret på alt dette hvis jeg bare hadde forandret på meg selv."

Vanligvis vil mennesker prøve å forandre på andre hvis det er noe de ikke liker ved denne personen. Men det er nesten umulig å forandre på andre mennesker. Noen ektepar slåss over slike små ting som det å presse tannpasta fra toppen eller fra bunn av. Vi burde først forandre på oss selv før vi prøver å forandre på andre mennesker. Og ved å elske dem, kan vi vente på at andre forandrer seg, og virkelig håpe at de vil forandre seg.

Å håpe om alle gode ting er å lengte etter og vente på at alt det du tror på skal komme i oppfyllelse. Hvis vi nemlig elsker Gud, da vil vi tro på hvert eneste Guds Ord og håpe på at alt vil bli gjort ifølge Hans Ord. Du lengter etter de dagene hvor du vil dele kjærligheten med Gud Faderen i all evighet i det vakre himmelske kongerike. Det er på grunn av dette at du holder ut alle ting for å løpe kappløp med troen. Men hva hvis det ikke fantes noe håp?

De som ikke tror på Gud kan ikke engang ha håp om det himmelske kongerike. Det er på grunn av dette at de lever ifølge deres egne ønsker, for de har ikke noe håp for fremtiden. De prøver å ta til seg flere ting og kjemper om å fullføre deres grådighet. Men samme hvor mye de har og nyter, kan de ikke virkelig bli

Kjærlighet: Fullførelse av Loven

tilfredsstilt. De lever livene deres med frykt om fremtiden.

På den annen side vil de som tror på Gud ha håp om alt, så de vil ta den smale veien. Hvorfor sier vi at veien er smal? Dette betyr at den er smal i synet til Guds ikke troende. Idet vi aksepterer Jesus Kristus og blir Guds barn, vil vi oppholde oss i kirken hele søndagen for å være med på alle gudstjenestene, uten noen verdslige form for tilfredstillelse. Vi arbeider for Guds kongerike med frivillighets arbeide og ber om å kunne leve ifølge Guds Ord. Slike ting er vanskelig uten troen, og det er derfor vi sier at dette er en smal vei.

I 1. Korinterne 15:19 sier apostelen Paulus, "Hvis vårt håp til Kristus bare gjelder dette livet, er vi de ynkeligste av alle mennesker." Bare på et kjødelig synspunkt, vil livet med utholdenhet og hardt arbeide virke tungt. Men hvis vi ønsker om alle ting, vil denne måten være mye lykkeligere enn noen annen måte. Hvis vi er sammen med de som vi elsker veldig høyt, vil vi være lykkelige til og med i et sjabert hus. Og tenke på det fakta at vi vil leve sammen med den kjære Herren i Himmelen, hvor lykkelige vil vi ikke være! Vi er spente og lykkelige bare ved tanken på det. På denne måten vil vi med uforandret hjerte vente og håpe helt til alt blir til virkelighet.

Å se frem til alt gjennom troen er veldig mektig. La oss for eksempel si at en av dine barn går den gale veien og ikke studerer i det hele tatt. Selv dette barnet kan endre seg til et godt barn når som helst hvis du tror på ham og sier at han kan gjøre dette, og ser på ham med håpende øyne om at han vil forandre seg. Foreldrenes tro på barna vil stimulere barnas forbedring og selvtillit. Barn som

Kjærlighetens Egenskaper

har selvtillit har en tro på at de kan gjøre alt; de vil kunne overvinne vanskeligheter, og slike holdninger virkelig påvirke deres akademiske utførelse.

Det samme er når vi tar vare på sjelene i kirken. Vi må aldri i noen som helst tilfeller trekke forhastende avslutninger om en person. Vi burde ikke bli motløse og tenke, 'Det virker som det vil være veldig vanskelig for denne personen å forandre seg' eller 'hun er fremdeles den samme.' Vi må kikke på alle med håpende øyne om at de snart vil forandre seg og bli rørt av Guds kjærlighet. Vi må fortsette med å be for dem og oppmuntre dem og si og tro, "Dere kan gjøre dette!"

15. Kjærlighet Tåler Alt

1. Korinterne 13:7 sier, "Kjærligheten vil tåle alt, tro på alt, ha håp for alle ting, og vil holde ut alle ting." Hvis du elsker da kan du holde ut alt. Hva betyr det så å 'holde ut'? Når vi kan tåle alt som ikke har noe med kjærlighet å gjøre, vil det bli ettervirkninger. Når det er vind på vannet eller havet, vil det også være bølger. Selv etter at vinden stilner, vil det fremdeles bli litt bølgeskvulp igjen. Selv hvis vi kan tåle alt, vil det ikke bare ta slutt når vi har vunnet dem. Det vil bli litt ettervirkninger fra det.

Jesus sa for eksempel i Matteus 5:39, "Men Jeg sier dere: 'Sett dere ikke til motverge mot den som gjør ondt mot dere. Om noen slår deg på høyre kinn, så vend også det andre til.'" Akkurat som det står skal du ikke slåss tilbake selv om noen slår deg på ditt høyre kinn, men du burde bare tåle det. Er det så over? Det vil bli ettervirkninger. Du vil få smerter. Ditt kinn vil gjøre vondt, men smerten som ligger i hjertet er en større smerte. Mennesker har selvfølgelig forskjellige grunner for at de erfarer smerter i hjertet. Noen mennesker har smerter i hjertet fordi de tror at de har blitt slått uten grunn og de er sinte på grunn av det. Men andre vil kanskje ha smerter i hjertet og føle seg sørgelig fordi de gjorde den andre personen sint. Noen vil kanskje føle seg sørgelig når de ser en bror som ikke kan holde på hans sinne, men vil heller uttrykke det fysisk enn på en mer nyttig og riktig måte.

Ettervirkningen av det å tåle noe kan også skje på grunn av utvendige omstendigheter. Noen slo deg for eksempel på høyre kinnet. Så du snudde det andre til ifølge Ordet. Da slår han deg på det venstre kinnet også. Du bekreftet det ifølge Ordet, men situasjonen økte bare og virket som om den bare virkelig ble verre.

Dette var tilfelle med Daniel. Han kompromitterte ikke siden han visste at han ville bli kastet inn i løvehulen. Siden han elsket Gud, stoppet han aldri med å be selv om han oppholdt seg i livsfarlige situasjoner. Han var heller ikke ond imot de som prøvde å drepe ham. Så ble alt bedre for ham siden han holdt ut alt ifølge Guds Ord? Nei. Han ble kastet inn i løvehulen!

Vi tror kanskje at alle prøvene burde gå vekk hvis vi har tålmodighet med ting som ikke har noe med kjærlighet å gjøre. Hva er så grunnen til at han fremdeles blir prøvd? Det er Guds forsyn for at vi skal bli perfekte og gi oss utrolige velsignelser. Åkrene vil bære friske og sterke avlinger ved å tåle regnet, vinden, og den sterke solen. Guds forsyn er slik at vi viser oss som Guds sanne barn gjennom prøvelser.

Prøvelser er Velsignelser

Fiende djevelen og Satan forstyrrer Guds barns liv når de prøver å oppholde seg i Lyset. Satan vil alltid prøve å finne alle mulige grunner til å anklage mennesker, og hvis de viser litt skavanker, da vil Satan anklage dem. Et eksempel på dette er når noen er onde imot deg og du holder det ut utvendig, men vil fremdeles ha dårlige følelser om det innvendig. Fiende djevelen og Satan vet dette og vil bringe anklagelser imot deg for disse følelsene. Da må Gud tillate prøvelser ifølge anklagelsen. Helt til vi kan anerkjenne at vi ikke har noen ondskap i vårt hjerte, vil det bli tester som heter 'raffinerende prøver'. Det kan selvfølgelig bli prøver selv om vi kaster bort all synden og blir fullstendig frelst. En slik prøve er tillat å få slik at vi kan motta en større velsignelse. Gjennom dette står vi ikke bare på nivået hvor vi ikke har noen form for ondskap, men vi vil kultivere større kjærlighet og en mer perfekt godhet ved å ikke ha noen flekker eller skavanker i det hele tatt.

Dette gjelder ikke bare for personlige velsignelser; det samme prinsippet gjelder når vi prøver å fullføre Guds kongerike. For at Gud skal vise oss større under, må en viss måling med rettferdighet bli møtt. Ved å vise en stor tro og gode gjerninger gjennom kjærligheten, må vi bevise at vi har karet som kan motta svaret, slik at fiende djevelen ikke kan protestere.

Gud vil derfor noen ganger tillate at vi får prøver. Hvis vi holder det ut gjennom bare godheten og kjærligheten, da vil Gud la oss gi Ham en høyere ære gjennom en større seier og Han vil også gi oss større belønninger. Hvis vi spesielt overvinner fordømmelsene og vanskelighetene som du mottar for Herrens skyld, da vil du sikkert også motta store velsignelser. "Velsignet er du når mennesker baktaler deg og fordømmer deg, og urettmessig sier alle slags ondskaper om deg på grunn av Meg. Fryd deg og vær glad, for din belønning i himmelen er stor; for på samme måte fordømte de profetene som levde før deg" (Matteus 5:11-12).

Å Tåle, Tro På, Ha Håp For, og Holde Ut Alt

Hvis du tror på alt og håper på alt gjennom kjærligheten, da kan du overvinne alle slags prøver. Så hvordan burde vi tro, ha håp om, og holde ut alle ting?

Først må vi tro på Guds kjærlighet helt til slutten, selv under prøvelsene.

1. Peter 1:7 sier, "...Slik blir troen deres prøvd. Selv forgjengelig gull blir prøvd i ild. Troen, som er mye mer verd, må også prøves, så den kan bli til pris og herlighet og ære for dere når Jesus Kristus åpenbarer seg." Han raffinerer oss slik at vi vil få kvalifikasjonene til å kunne nyte lovprisningen og æren og berømmelsen når våre liv vil ta slutt her på jorden.

Og hvis vi også fullstendig lever ifølge Guds Ord og ikke kompromitterer med verden, vil vi kanskje ha noen tilfeller hvor vi møter urettferdige lidelser. Hver gang må vi tro at vi mottar Guds spesielle kjærlighet. Så heller enn å bli motløs, vil vi bli takknemlige fordi Gud leder oss til et bedre oppholdssted i Himmelen. Vi må også tro på Guds kjærlighet, og vi må ha troen helt til slutten. Det vil kanskje være noen smerter i troens prøver.

Hvis smertene er forferdelige og den varer i lang tid, da vil vi kanskje tenke, "Hvorfor hjelper ikke Gud meg? Elsker han meg ikke mer?" Men på denne øyeblikket må vi huske på Guds kjærlighet mye klarere og holde ut prøvene. Vi må tro på at Gud Faderen gjerne vil føre oss til bedre himmelske oppholdssteder fordi Han elsker oss. Hvis vi holder det ut helt til slutten, da vil vi til slutt bli Guds perfekte barn. "Men utholdenheten må føre til fullkommen gjerning, så dere kan være fullkomne og hele, uten noen mangel" (Jakob 1:4).

For det andre, for å kunne tåle alle tingene må vi tro på at prøvelsene er en snarvei til å fullføre vårt håp.

Romerne 5:3-4 sier, "Ja, ikke bare dette, vi er også stolte over lidelsene. For vi vet at lidelsene gir utholdenhet, utholdenheten er et prøvd sinn, og det prøvde sinns håp;" Prøvelsen her er akkurat som en snarvei for å fullføre vårt håp. Du vil kanskje tenke, "Å, når kan jeg forandre meg?" Men hvis du tåler alt og forandrer deg om og om igjen, da vil du til slutt litt etter litt bli et sannferdig og perfekt barn for Gud og likne Ham.

Så når du derfor får prøvelser, burde du ikke unngå dem, men prøve å bestå dem så godt du overhodet kan. Det er selvfølgelig naturens lov og menneskets naturlige ønske å ta den letteste veien. Men hvis vi prøver å gjemme oss fra prøvelsene, da vil vår reise bare bli lengre. Det finnes for eksempel en person som hele tiden og i alt prøver å lage problemer for deg. Du vil ikke åpenlyst vise det, men du føler deg ukomfortabel når du møter denne personen. Så du prøver derfor bare å unngå ham. I denne situasjonen burde du ikke prøve å ignorere situasjonen, men du må heller aktivt overvinne den. Du må tåle vanskelighetene som du har med ham, og kultivere et hjerte hvor du virkelig forstår og tilgir denne personen. Da vil Gud lovprise deg og du vil forandre deg. På samme måte vil hver av prøvene bli trinnene og snarveiene til å fullføre dine håp.

For det tredje, vi må bare gjøre gode ting for å kunne tåle alt.

Når vi møter ettervirkninger, selv etter at vi har holdt ut alt ifølge Guds Ord, da vil folk vanligvis klage til Gud. De klager og sier, "Hvorfor endrer ikke situasjonen seg selv etter at vi holder oss til Ordet?" Alle troens prøvelser blir fremført av fiende djevelen og Satan. Prøver og tester er kamper mellom godt og ondt.

For å kunne vinne seieren i denne åndelige kampen, må vi slåss ifølge reglene til det åndelige riket. Loven til det åndelige riket er godheten som til slutt vinner. Romerne 12:21 sier, "Bli ikke overvunnet av ondskap, men overvinn ondskap med godhet." Hvis vi handler på denne måten i godhet, vil det kanskje virke som om vi taper og vi vil tapet på dette øyeblikket, men i virkeligheten, er det det motsatte. Det er fordi den rettferdige og gode Gud styrer all rikdommen og fattigdommen, og menneskenes liv og død. Når vi derfor møter prøvelser, tester, og forfølgelser, må vi bare være gode.

I enkelte tilfeller finnes det troende som møter forfølgelser fra deres ikke troende familiemedlemmer. I slike tilfeller, vil den troende kanskje tenke, "Hvorfor er mannen min så ond? Hvorfor er konen min så ond?" Men så vil testen bare bli større og vare lenger. Hva er godheten i en slik situasjon? Du må be gjennom kjærlighet og tjene dem gjennom Herren. Du må bli lyset som skinner gledesstrålende på din familie.

Hvis du bare gjør gode ting imot dem, da vil Gud gjøre Hans arbeide på den rette tiden. Han vil også drive vekk fiende djevelen og Satan og røre ved hjertet til dine familiemedlemmer. Alle problemene vil bli løst når du gjør gode ting ifølge Guds regler. Det mektigste våpenet i den åndelige kampen ligger ikke i makten av menneskenes visdom, men i Guds godhet. La oss derfor bare holde ut gjennom godheten og gjøre gode ting.

Finnes det noen som helst rundt deg som du synes er veldig vanskelig å være sammen med og vanskelig å holde ut? Noen mennesker gjør ting galt hele tiden, skader og gjør ting vanskelig for andre. Noen klager mye og blir til og med surmulende over små ting. Men hvis du kultiverer en sann kjærlighet, vil det ikke være noen i det hele tatt som du ikke kan tåle. Dette er fordi du vil elske andre like mye som deg selv, akkurat som Jesus ba oss om å elske våre naboer like mye som oss selv (Matteus 22:39).

Gud Faderen vil også forstå oss og holde ut ting sammen med oss. Helt til du kultiverer denne kjærligheten inne i deg, burde du leve som en perle østers. Når en fremmed gjenstand som sand, tang og tare, eller et fnugg av skjell blir losjert mellom dens skjell og dens kropp, en perle østers vil forandre seg til en vidunderlig perle! Hvis vi kultiverer den åndelige kjærligheten på denne måten, vil vi komme gjennom perleporten og komme inn til det Nye Jerusalem hvor Guds trone ligger.

Innbill deg tiden hvor du går gjennom perleportene og bli minnet om din fortid her på jorden. Vi burde kunne tilstå til Gud Faderen, "Takk for at dere holdt ut, trodde på, håpet på, og tålte alle tingene for meg," for han vil ha våre hjerter støpt like vakre som perler.

Egenskapene til
den Åndelige
Kjærligheten III

12. Den Holder På Alt

13. Den Tror På Alt

14. Den Har Håp Om Alt

15. Den Tåler Alt

Perfekt Kjærlighet

"Kjærligheten tar aldri slutt. Profetgavene skal bli borte, tungene skal tie og kunnskapen forgå. For vi forstår stykkevis og taler profetisk stykkevis. Men når det fullkomne kommer, skal det som er stykkevis, ta slutt. Da jeg var barn, talte jeg som et barn, tenkte jeg som et barn, forstod jeg som et barn. Men da jeg ble voksen, la jeg av det barnslige. Nå ser vi i et speil, i en gåte, da skal vi se ansikt til ansikt. Nå forstår jeg stykkevis, da skal jeg erkjenne fullt ut, slik Gud kjenner meg fullt ut. Så blir de stående, disse tre: tro, håp og kjærlighet. Men størst av dem er kjærligheten."

1. Korinterne 13:8-13

Når du kommer til Himmelen, hva ville du gjerne ta med deg, hvis det var en ting du kunne at med deg? Gull? Diamanter? Penger? Alt dette er ubrukelig i Himmelen. I Himmelen vil gatene som du går på være av gull. Hva Gud Faderen i Himmelen har forberedt for oss i de himmelske oppholdsstedene er så vakkert og vidunderlig. Gud forstår våre hjerter og forbereder de beste tingene med all Hans anstrengelse. Men det er en ting som vi kan ta ifra denne jorden, og dette vil bli veldig verdifullt i Himmelen også. Dette er kjærlighet. Dette er kjærligheten som er kultivert i vårt hjerte mens vi lever her i denne verden.

Himmelen Trenger også Kjærlighet

Når den menneskelige kultivasjonen er over og vi kommer til det himmelske kongerike, da vil alle tingene her på jorden forsvinne (Johannes Åpenbaring 21:1). Salmenes Bok 103:15 sier, "For menneske, er hans dager akkurat som gress; som en blomst i åkeren, så han vil blomstre." Selv de ubestemte tingene som rikdom, berømmelse, og myndighet vil også forsvinne. Alle syndene og mørket som hat, krangel, og sjalusi vil forsvinne.

Men 1. Korinterne 13:8-10 sier, "Kjærligheten tar aldri slutt. Profetgavene skal bli borte, tungene skal tie og kunnskapen forgå. For vi forstår stykkevis og taler profetisk stykkevis. Men når det fullkomne kommer, skal det som er stykkevis, ta slutt."

Gaven med profeti, tunger, og kunnskap om Gud er alle åndelige ting, så hvorfor vil de bli kvitt det? Himmelen ligger i det åndelige riket og er et perfekt sted. I Himmelen vil vi få vite alt. Selv om vi kommuniserer med Gud klart og tydelig og profeterer, er dette fullstendig annerledes enn det å forstå alt i det himmelske kongerike i fremtiden. Da vil vi klart forstå Gud Faderen og Herrens hjerte, slik at profeti ikke lenger vil være nødvendig.

Det samme gjelder tunger. Her vil tunger referere til forskjellige språk. Vi har nå mange forskjellige språk her på jorden, så for å kunne prate med andre som prater et annet språk, må vi lære deres språk. På grunn av forskjellige kulturer, trenger vi mye tid og anstrengelse for å kunne dele hjerte og tankene. Selv om vi prater det samme språket, kan vi ikke fullstendig forstå andres hjerter og tanker. Selv om vi prater flytende og i detaljer, er det ikke lett å tilkjennegi vårt hjerte og tanker 100%. På grunn av ord, vil vi kanskje ha misforståelser og krangler. Det finnes også mye feil i ordene.

Men hvis vi kommer til Himmelen behøver vi ikke å bekymre oss for disse tingene. Det finnes bare et språk i Himmelen. Så en trenger ikke å bekymre seg om å kunne forstå andre. Siden det gode hjerte blir tilkjennegitt på en slik måte, kan det ikke bli noen misforståelser eller fordommer.

Det samme gjelder kunnskap. Her vil 'kunnskap' referere til kunnskapen om Guds Ord. Når vi lever her på denne jorden vil vi iherdig lære om Guds Ord. Gjennom de 66 bøkene i Bibelen, lærer vi hvordan vi kan bli frelst og få det evige livet. Vi lærer om Guds vilje, men dette er bare en del av Guds vilje, som bare er det vi trenger for å kunne komme inn til Himmelen.

Vi vil for eksempel høre og lære og praktisere slike ord som, 'Elsk hverandre,' 'Misunn ikke noen, vær ikke sjalu,' og så videre. Men i Himmelen finnes det bare en kjærlighet, så vi trenger ikke denne slags kunnskap her. Selv om det finnes åndelige ting, vil til og med profeti, forskjellige tunger, og all kunnskapen også til slutt

162

forsvinne. Dette er fordi vi bare i den fysiske verden trenger dette midlertidig.

Det er derfor viktig å kjenne til sannhetens Ord og kjenne til Himmelen, men det er viktigere å kultivere kjærligheten. Til den grad hvor vi omskjærer vårt hjerte og kultiverer kjærligheten, kan vi komme inn til et bedre himmelsk oppholdssted.

Kjærlighet Vil I All Evighet Være Fantastisk

Tenk bare på din første kjærlighet. Hvor lykkelig du var! Akkurat som vi sier at kjærlighet gjør oss blinde, kan vi bare se de gode tingene om denne personen og alt i verden vil se vakkert ut, hvis vi virkelig elsker noen. Solskinnet virker mer skinnende enn noensinne, og vi vil kanskje til og med føle aromaen fra luften. Det finnes noen laboratorium rapporter som sier at deler av hjernene som styrer de negative og de kritiserende tankene er mindre aktive for de som er forelsket. Hvis du på samme måte er fylt med Guds kjærlighet i ditt hjerte, er du bare veldig lykkelig selv om du ikke spiser. I Himmelen vil en slik lykke vare i all evighet.

Vårt liv her på jorden er akkurat som et barn sammenlignet med det livet som vi vil ha i Himmelen. Et barn som akkurat begynner å snakke kan bare si et par lette ord som 'mamma' og 'pappa'. Han kan ikke utrykke mange ting i større detaljer. Barn kan heller ikke forstå verdslige og voksne komplekse ting. Barn vil snakke, forstå, og tenke innenfor deres egen kunnskap og muligheter som barn. De har ikke et godt begrep om pengenes verdi, så hvis de ser en mynt og en seddel, vil de helt naturlig ta mynten. Dette er fordi de vet at myntene har en verdi på grunn av at de har brukt dem til å kjøpe ting som sukkertøy eller andre slikkerier, men de kjenner ikke til sedlenes verdi.

Det samme gjelder vår forståelse på Himmelen mens vi lever her på jorden. Vi vet at Himmelen er et vakkert sted, men det er vanskelig å gi uttrykk for hvor vakkert det egentlig er. I det himmelske kongerike finnes det ingen grenser, så skjønnheten kan bli fullført på den høyeste måten. Når vi kommer til Himmelen, kan vi også forstå det ubegrensede og mystiske åndelige riket, og prinsippene som alt fungerer etter. Slik står det i 1. Korintene 13:11, "Da jeg var barn, talte jeg som et barn, tenkte jeg som et barn, forstod jeg som et barn. Men da jeg ble voksen, la jeg av det barnslige."

I det himmelske kongerike finnes det ikke noe mørket, eller bekymringer eller engstelser. Det eksisterte bare godhet og kjærlighet. Så vi kan uttrykke vår kjærlighet og tjene hverandre så mye vi vil. På denne måten er det fysiske riket og det åndelige riket fullstendig annerledes. På denne jorden er det selvfølgelig en stor forskjell på menneskenes forståelse og tankere ifølge hvert menneskes tro.

I 1. Johannes 2. kapittelet blir hvert kapittel sammenlignet med spedbarn, barn, ungdom, og fedre. For de som ligger på nivået med spedbarna eller små barn, de vil ligne barn åndelig. De kan ikke virkelig forstå de dype åndelige tingene. De har liten makt til å praktisere Ordet. Men når de blir ungdom og fedre, vil ordene deres og deres tankegang bli annerledes. De har en større evne til å praktisere Guds Ord, og de kan vinne kampen om mørket. Men selv om vi fullfører fedrenes tro her på jorden, kan vi si at vi fremdeles er lik barn sammenlignet med den tiden hvor vi ville ha kommet inn til det himmelske kongerike.

Vi Vil Kunne Føle en Perfekt Kjærlighet

Barndom er en tid hvor vi forbereder oss til å bli voksne, og på samme måte er livet her på jorden en forberedelse på det evige livet. Og denne verden er akkurat som en skygge sammenlignet med det evige kongerike i himmelen, og den passerer fort. Skyggen er ikke egentlig personen. Den er med andre ord ikke virkelig. Det er bare et speilbilde som ligner den originale personen.

Kong David lovpriste HERREN rett foran hele forsamlingen, og sa, "For vi ditt ansikt er vi fremmede og gjester som alle våre fedre. Våre dager på jorden er som en skygge og uten håp" (1. Krønikeboken 29:15).

Når vi ser på skyggen av noe, kan vi forstå den generelle formen av denne gjenstanden. Denne fysiske verden er også akkurat som en skygge som gir oss en kortfattet ide om den evige verden. Når skyggen, som her på jorden er selve livet, forsvinner, da vil den virkelige enheten bli avslørt klart og tydelig. Akkurat nå kjenner vi til det åndelige riket bare vagt og uklart, som om vi kikker inn i et speil. Men når vi kommer til himmelens kongerike, vil vi kunne forstå det like klart som om vi stod ansikt til ansikt med det.

1. Korintene 13:12 sier, "Nå ser vi i et speil, i en gåte, da skal vi se ansikt til ansikt. Nå forstår jeg stykkevis, da skal jeg erkjenne

fullt ut, slik Gud kjenner meg fullt ut." Apostelen Paulus skrev dette Kjærlighets Kapittelet for omkring 2.000 år siden. Et speil på den tiden var ikke like klart som speilene i dag er. De var ikke laget av glass. De kvernet sølv, bronse eller stål og polerte metallet slik at det reflekterte lyset. Det er derfor speilene var veldig uklare. Det er selvfølgelig mennesker som ser og føler himmelens kongerike mye klare gjennom åpne åndelige øyne. Men fremdeles kan vi bare svakt føle skjønnheten og lykken fra Himmelen.

Når vi senere kommer inn til det evige kongerike i himmelen, vil vi klart og tydelig se hver eneste detalj i kongerike og få en direkte følelse av det. Vi vil lære om storsinnetheten, mektigheten, og Guds skjønnhet som er utover alle ord.

Kjærlighet er det Største Blant Troen, Håpet, og Kjærligheten

Troen og håpet er veldig viktige for at vår tro skal bli større. Vi kan bli reddet og komme opp til himmelen bare når vi har troen. Vi kan bare bli Guds barn gjennom troen. Troen er veldig spesiell fordi vi kan bare bli frelst, få et evig liv, og komme til det himmelske kongerike gjennom troen. Og den største skatten av alle skattene er troen; troen er nøkkelen til å motta svar på våre bønner.

Hva med håpet? Håpet er også veldig spesielt; vi kan få tak i de bedre oppholdsstedene i Himmelen ved å ha håp. Så hvis vi har tro, vil vi naturligvis også ha håp. Hvis vi virkelig tror på Gud og Himmelen og Helvete, da vil vi ha håp om Himmelen. Og hvis vi

Kjærlighet: Fullførelse av Loven

også har håp, da vil vi prøve å bli frelst og vi vil arbeide trofast for Guds kongerike. Tro og håp er en nødvendighet helt til vi når det himmelske kongerike. Men hvorfor sier så 1. Korintene 13:12 at kjærligheten er den største?

Troen og håpet er det vi først trenger her i livet på jorden, og bare den åndelige kjærligheten vil forbli i himmelens kongerike.

I Himmelen behøver vi ikke å tro på noe uten at vi ser det eller ha håp om noe, fordi alt vil være der rett foran våre øyne. Anta at du har noen som du elsker veldig mye, og du så ham ikke på en uke, eller kanskje mer, i ti år. Vi ville ha mye dypere og betydningsfulle følelser når vi møter ham igjen etter ti år. Og etter at vi har møtt ham etter ti år, vil det fremdeles være noen som savner ham?

Det samme gjelder vårt kristelig liv. Hvis vi virkelig tror på og elsker Gud, da vil vi ha et voksende håp ettersom tiden går og ettersom vår tro vokser og blir større. Vi vil savne Herren mer og mer ettersom dagene går. De som har håp om Himmelen på denne måten vil ikke si at det er vanskelig selv om de tar den smale veien her på jorden, og de vil heller ikke bli påvirket av noen som helst fristelser. Og når vi når vårt endelige mål, det himmelske kongerike, trenger vi ikke lenger noen tro eller håp. Men kjærlighet vil fremdeles fortsette i Himmelen i all evighet, og det er derfor Bibelen sier at kjærlighet er den største.

For det andre kan vi få Himmelen gjennom troen, men uten kjærligheten kan vi ikke komme inn til de vakreste oppholdsstedene, det Nye Jerusalem.

Vi kan kraftig ta til oss det himmelske kongerike til den grad hvor vi gjør alle ting gjennom troen og håpet. Til den grad hvor vi lever ifølge Guds Ord, kaster bort syndene, og kultiverer det vakre hjertet, vil vi bli gitt den åndelige troen, og ifølge målestokken av denne åndelige troen, vil vi få forskjellige oppholdssteder i Himmelen. Paradiset, Himmelens Første Kongerike, Himmelens Andre Kongerike, Himmelens Tredje Kongerike, og det Nye Jerusalem.

Paradiset er for de som bare har nok tro til å bli frelst ved at de aksepterte Jesus Kristus. Dette betyr at de ikke gjorde noe arbeide for Guds kongerike. Det Første Kongerike i Himmelen er for de som har prøvd å leve ifølge Guds Ord etter at de aksepterte Jesus Kristus. Det er mye vakrere enn Paradiset. Det Andre Kongerike i Himmelen er for de som har levd ifølge Guds Ord på grunn av deres kjærlighet for Gud og har vært trofaste overfor Guds kongerike. Det Tredje Kongerike i Himmelen er for de som elsker Gud mer enn noe annet og som har kastet bort all form for ondskap for å bli frelst. Det Nye Jerusalem er for de som har en tro som tilfredsstiller Gud og som har vært trofaste i alle Guds hus.

Det Nye Jerusalem er et himmelsk oppholdssted som blir gitt til de av Guds barn som har kultivert en perfekt kjærlighet gjennom troen, og det er en krystallklar kjærlighet. Det faktum er at bare Jesus Kristus, Guds eneste Sønn, har kvalifikasjonene til å kunne komme inn til det Nye Jerusalem. Men siden vi er individer kan også vi få kvalifikasjonene til å komme inn dit hvis vi blir rettferdiggjort gjennom Jesus Kristus dyrebare blod og er i besittelse av en perfekt tro.

For å kunne likne Herren og oppholde oss i det Nye Jerusalem, må vi følge den samme veien som Herren tok. Denne veien er kjærlighet. Bare gjennom denne kjærligheten kan vi bære på de ni fruktene fra den Hellige Ånden og Saligprisningene for at vi skal være verdige som Guds sannferdige barn som har Herrens egenskaper. Så fort vi blir kvalifiserte som Guds sannferdige barn, vil vi motta alt det vi spør om her på jorden, og vi vil ha rettigheten til å kunne spasere sammen med Herren i all evighet i Himmelen. Vi kan derfor komme til Himmelen når vi blir troende, og vi kan kaste bort synder når vi har håp. På grunn av dette er troen og håpet helt nødvendig, men kjærligheten er den beste, for vi kan bare komme inn til det Nye Jerusalem når vi har kjærlighet.

"Ha ingen skyld til noen, annet enn det å elske hverandre! Den som elsker sin neste, har oppfylt loven. For disse budene: 'Du skal ikke bryte ekteskapet, du skal ikke slå i hjel, du skal ikke stjele, du skal ikke begjære, eller hvilket bud det så er, sammenfattes i dette: Du skal elske din neste som deg selv.' Kjærlighet vil ikke gjøre noe ille imot en nabo; kjærligheten er derfor lovens fullførelse."

Romerne 13:8-10

Del 3

Kjærlighet er
Fullførelse av Loven

Guds Kjærlighet

"Og vi har lært å kjenne den kjærlighet Gud har til oss, og vi har trodd på den. Gud er kjærligheten, og den som blir i kjærligheten, blir i Gud og Gud i ham."

1. Johannes 4:16

Mens de arbeidet med Quekan indianere, begynte Elliot å forberede seg på å nå de berømte og voldelige Huaorani indianske stammene. Han og fire andre misjonærer, Ed McCully, Roger Youderian, Peter Fleming og deres pilot Nate Saint, tok kontakt med Huaorani indianere fra flyet deres mens de brukte en høyttaler og en kurv for å levere gaver til dem. Etter flere måneder, bestemte mennene å bygge et hovedsted like i nærheten av den indiske stammen, langsmed Curaray elven. Der møtte de flere ganger små grupper fra Huaorani indianere, og ga til og med George (hans virkelige navn var Naenkiwi), en av de nysgjerrige folkene fra Huaorani, en flytur. Oppmuntret av disse vennlige sammentreff, begynte de å planlegge en reise til Huaorani, men deres planer ble tilsidesatt på grunn av ankomsten av en større gruppe fra Huaorani, som drepte Elliot og hans fire venner 8. januar 1956. Elliots maltrakterte kropp ble funnet nedover elven, sammen med de til de andre mennene, unntatt det til Ed McCully.

Elliot og hans venner ble kjent som martyrer verden om med det samme, og Life Magasinet utga en 10 siders artikkel om deres misjon og døden. De fikk æren for å ha tent interessen for kristelige misjoner blant de unge på denne tiden, og blir fremdeles sett på som oppfordrende for kristelige misjonærer som arbeider overalt i verden. Etter hennes manns død, begynte Elisabeth Elliot og andre misjonærer å arbeide blant Auca indianere, hvor de hadde en stor innflytelse og vant mange omvendende. Mange sjeler ble vunnet gjennom Guds kjærlighet.

Ha ingen skyld til noen, annet enn det å elske hverandre!

Den som elsker sin neste, har oppfylt loven. For disse budene: 'Du skal ikke bryte ekteskapet, du skal ikke slå i hjel, du skal ikke stjele, du skal ikke begjære, eller hvilket bud det så er, sammenfattes i dette: Du skal elske din neste som deg selv.' Kjærlighet vil ikke gjøre noe ille imot en nabo; kjærligheten er derfor lovens fullførelse (Romerne 13:8-10).

Kjærlighetens høyeste nivå blant alle slags kjærligheter er Guds kjærlighet for oss. Skapelsen av alle ting og menneskene kom også ifra Guds kjærlighet.

Gud skapte alle ting og menneskene fra Hans kjærlighet

I begynnelsen skjulte Gud det uendelige universet inne i seg. Dette universet er et annet univers enn det universet som vi i dag kjenner til. Det er et sted uten noen begynnelse eller ende og det har heller ingen grenser. Alle ting blir fullført ifølge Guds vilje og det Han skjuler i Hans hjerte. Så hvis Gud kan gjøre og ha alt det Han vil ha, hvorfor skapte Han så menneskene?

Han ville gjerne ha sannferdige barn som Han kunne dele Hans vakre verden som Han nøt med. Han ville dele stedet hvor alt blir gjort ifølge ens ønsker. Det er i likhet med det menneskelige sinnet, vi vil gjerne åpent dele de gode tingene med de som vi elsker. Med et slikt håp, planla Gud den menneskelige kultivasjonen for å få sannferdige barn.

Det første steget var å dele universet inn i den fysiske verden og den åndelige verden, og skape en himmelsk vert og engler, andre åndelige vesen, og alt annet som var nødvendig i det åndelige riket. Han laget et sted hvor Han kunne oppholde seg og også himmelens kongerike hvor Hans sannferdige barn ville oppholde seg, og et sted hvor menneskene kunne komme til gjennom den menneskelige kultivasjonen. Etter en uendelig periode, skapte Han Jorden i den fysiske verden sammen med solen, månen, og stjernene, og den naturlige omgivelsen, alt som måtte til for at menneskene kunne leve.

Det finnes mangfoldige åndelige mennesker rundt Gud som for eksempel engler, men de fullstendig lydige, nesten i likhet med en robot. De er ikke mennesker som Gud kan dele Hans kjærlighet med. På grunn av dette skapte Gud menneskene i Hans speilbilde for å få sannferdige barn som Han kunne dele Hans kjærlighet med. Hvis det hadde vært mulig å ha en robot med et pent ansikt som oppførte seg nøyaktig som du ville, kunne du erstatte dine egne barn? Selv om barna dine ikke alltid hører på deg, vil de fremdeles være mye søtere enn denne roboten, for de kan føle din kjærlighet og fortelle deg hvor mye de elsker deg. Det samme gjelder Gud. Han ville gjerne ha sannferdige barn som Han kunne utveksle Hans hjerte med. Med en slik kjærlighet skapte Gud det første menneske, og det var Adam.

Etter at Gud skapte Adam, skapte han en have på et sted som ble kalt Eden imot øst, og brakte ham dit. Edens Have ble gitt til Adam på grunn av Guds hensynsfullhet. Det er et forunderlig vakkert sted hvor blomster og trær vokser veldig godt, og nydelige dyr spaserer omkring. Det finnes en overflod av frukt over alt. Det finnes vind som er like myk som silke og gresset lager hviskende lyder. Vannet glimter som edelsteiner hvor en refleksjon av lyset kommer ifra dem. Selv med menneskenes beste fantasi, kan en ikke fullstendig gi uttrykk for dette stedets skjønnhet.

Gud ga også Adam en tjener ved navnet Eva. Det er ikke fordi Adam selv følte seg ensom. Gud forstod på forhånd Adams hjerte, for Gud hadde vært alene i lang tid. I de beste leveforholdene som Gud ga dem, spaserte Adam og Eva sammen med Gud i lang, lang tid, hvor de nøt myndighet som herrer over alle skapninger.

Gud kultiverer menneskene slik at de kan bli Hans sannferdige barn

Men Adam og Eva manglet noe for å kunne bli Guds sannferdige barn. Selv om Gud ga dem Hans fullstendige kjærlighet, følte de virkelig ikke Guds virkelige kjærlighet. De nøt alt det de fikk av Gud, men de hverken tjente eller fikk noen ekstra fortjeneste gjennom deres anstrengelse. De forstod derfor ikke hvor verdifull Guds kjærlighet var, og de var ikke takknemlige for det de hadde fått. De erfarte heller aldri død eller ulykkelighet, og de kjente ikke til livets verdi. De erfarte aldri hat, så de forstod ikke kjærlighetens sanne verdi. Selv om de hørte og var klar over den, kunne de ikke føle en virkelig kjærlighet i hjertet deres, for de hadde aldri erfart det direkte.

Grunnen til at Adam og Eva spiste ifra treet angående kunnskapen om det gode og det onde ligger inne i dem. Gud sa,

"...for den dagen du spiser ifra det vil du helt sikkert dø," men de var ikke klar over dødens fulle mening (1. Mosebok 2:17). Visste ikke Gud at de ville spise ifra treet med kunnskapen om det gode og det onde? Han visste det. Han visste om det, men Han ga fremdeles Adam og Eva friheten til å velge lydigheten. Her ligger forsynet for menneskenes kultivasjon.

Gjennom menneskenes kultivasjon ville Gud at alle menneskene skulle erfare tårer, sorg, smerte, død, o.s.v., så når de senere kommer til Himmelen, ville de senere virkelig føle hvor verdifulle og dyrebare de himmelske tingene er, og slik kunne de nyte den sannferdige lykken. Gud ville gjerne dele Hans kjærlighet med dem i all evighet i Himmelen, som er uten noen som helst sammenligning, vakrere enn til og med Edens Have.

Etter at Adam og Eva hadde brutt Guds Ord, kunne de ikke lenger leve i Edens Have. Og siden Adam også mistet myndigheten som herren over alle skapninger, ble også alle dyr og planter forbannet. Jorden hadde en gang hatt en overflod og skjønnhet, men den var også fordømt. Den produserte nå torner og tistler, og mennesker kunne ikke innhøste noe uten anstrengelse og deres egen anstrengelse.

Selv om Adam og Eva ikke adlød Gud, laget Han fremdeles klær ut av hud til dem og kledte dem, for de måtte leve i et helt annet miljø (1. Mosebok 3:21). Guds hjerte må ha brent akkurat som foreldre som må sende bort barna deres slik at de kan forberede seg på deres fremtid. Til tross for Guds kjærlighet, rett etter at menneskenes kultivasjonen begynte, ble mennesker flekket av synder, og de tok veldig fort avstand ifra Gud.

Romerne 1:21-23 sier, "De kjente Gud, men likevel lovpriste og takket de Ham ikke som Gud. Med sine tanker endte de i tomhet, og deres uforstandige hjerte ble formørket. De påstod at de var kloke, men de endte i dårskap. De byttet ut den forgjengelige Guds herlighet med bilder av forgjengelige mennesker, fugler, firbente dyr og krypdyr."

For et slikt syndig menneske viste Gud Sitt forsyn og kjærlighet gjennom Hans valgte folk, israelerne. På den ene side viste Han utrolige syn og under og ga dem store velsignelser, når de levde ifølge Guds Ord. På den annen side, når de forlot Gud og når de tilba idoler og syndet, sendte Gud dem mange profeter for å gi dem Hans kjærlighet.

En av disse profetene var Hosea, som var aktiv i en mørk tid etter at Israel bli delt opp i Nord Israel og Sør Judea.

En dag ga Gud Hosea en spesiell ordre og sa, "Gå og finn deg en hore til kone og få barn med denne horen" (Hosea 1:2). Det var ikke tenkelig for en guddommelig profet å gifte seg med en kvinne som var en hore. Selv om han ikke fult ut forstod Guds mening med dette, adlød Hosea Hans Ord og fant en kvinne ved navnet Gomer og tok henne til seg som hans kone.

De fødte tre barn, men Gomer dro til en annen mann på grunn av hennes begjær. Men uansett dette fortalte Gud Hosea at han skulle elske hans kone (Hosea 3:1). Hosea kikket etter henne og kjøpte henne for femten sølv penger, en brevdue, og en halv sekk med bygg.

Kjærligheten som Hosea ga til Gomer symboliserer den kjærligheten som Gud gir oss. Og Gomer, hore kvinnen, symboliserer alle mennesker som er flekkede med synder. Akkurat som Hosea tok en hore kvinne som hans kone, elsket Gud først de av oss som ble flekket av synder i denne verden.

Han viste Hans uendelige kjærlighet, og håpet at alle ville vende seg vekk ifra døden og bli Hans barn. Selv om de ble verdens venner og gikk vekk ifra Gud i en periode, ville Han ikke si, "Du forlot Meg og Jeg kan bare ikke akseptere at du kommer tilbake igjen." Han bare vil at alle skal komme tilbake til Ham og Han gjør det med et ærligere hjerte enn foreldrene som vil vente på deres barn som dro hjemme ifra for så å komme tilbake.

Gud Forberedte Jesus Kristus Siden Før Tidens Begynnelse

Parallellen med den sløsete sønnen i Lukas 15 vil helt tydelig vise Gud Faderens hjerte. Den andre sønnen som nøt et godt liv som et barn var ikke takknemlig overfor hans far og han kunne heller ikke forstå verdien av det livet som han levde. En dag spurte han om han kunne få hans arvepenger tidlig. Han var et typisk bortskjemt barn som spurte etter deres arvepenger mens faren fremdeles levde.

Faderen kunne ikke stoppe sønnen hans, for sønnen forstod ikke foreldrenes hjerte i det hele tatt, og til slutt ga han sin sønn arvepengene. Sønnen var lykkelig og dro på en reise. Farens smerter begynte på dette tidspunktet. Han var forferdelige engstelig og tenkte, "Hva hvis han blir skadet? Hva hvis han møter noen onde mennesker?" Faren kunne ikke engang få nok søvn fordi han engstet seg så for hans sønn, mens han hele tiden kikket etter for å se om hans sønn ville komme tilbake.

Ganske snart hadde sønnen brukt opp alle pengene og menneskene begynte å være onde imot ham. Han fant seg i en slik forferdelig situasjon at han ville til og med spise ting som grisene spiste bare for å lindre hans sult, men de ga ham ikke det engang. Han husket nå på hans fars hus. Han snudde og dro hjem, men han var så sørgelig at han ikke engang kunne løfte hodet. Men faren sprang ham i møte og kysset ham. Faren klandret ham ikke for noe, men var bare så forferdelig lykkelig at han satte de beste klærne ut for ham og drepte en kalv slik at han kunne gi ham en stor fest. Dette er Guds kjærlighet.

Guds kjærlighet blir ikke bare gitt til noen spesielle mennesker ved spesielle anledninger. 1. Timoteus 2:4 sier, "[Gud] vil gjerne at alle mennesker skal bli kjent med sannheten." Han holder frelsens port åpen hele tiden, og samme når en sjel kommer tilbake til Gud, vil Han møte hver eneste sjel med veldig stor lykke og glede.

Med en slik kjærlighet ifra Gud, Han som aldri vil gi slipp på oss, ble veien åpnet for at alle skulle motta frelse. Dette er Gud som forberedte Hans eneste Sønn Jesus Kristus. Akkurat som det ble skrevet i Hebreerne 9:22, "Og ifølge Loven, kan en nesten si at alle ting blir renset med blodet, og uten blødingen vil det ikke bli noen tilgivelse," Jesus betalte for syndene som synderne måtte betale, med Hans dyrebare blod og sitt eget liv.

1. Johannes 4:9 snakker om Guds kjærlighet slik, "Og ved dette ble Guds kjærlighet åpenbart blant oss, at Gud sendte sin

enbårne Sønn til verden for at vi skulle leve med Ham." Gud fikk Jesus til å tape Hans dyrebare blod for at menneskene kunne bli reddet fra alle deres synder. Jesus ble korsfestet, men Han seiret over døden og oppstod igjen den tredje dagen, fordi det ikke fantes noen synd inne i Ham. Gjennom dette ble vår vei til frelse åpnet. Å gi Hans eneste Sønn er ikke så lett som det høres ut til. Et koreansk sagn sier, "Foreldre vil ikke føle noen smerter selv om noe blir satt direkte i øynene deres." Mange foreldre føler at livene til barna deres er viktigere enn deres egne liv.

Så for Gud å derfor gi Hans eneste Sønn Jesus viser oss den fullstendige kjærligheten. Det vil si at Gud forberedte himmelens kongerike for de som han fikk tilbake gjennom blodet til Jesus Kristus. Hvilken stor kjærlighet var ikke dette! Og enda er ikke dette slutten på Guds kjærlighet.

Gud ga oss den Hellige Ånden for å føre oss til Himmelen

Gud gir den Hellige Ånden i gave til de som aksepterer Jesus Kristus og som mottar tilgivelse av syndene. Den Hellige Ånd er hjertet til Gud. Fra tiden da Herren for opp til himmelen, sendte Gud Tjeneren, den Hellige Ånd, inn til våre hjerter.

Romerne 8:26-27 sier, "På samme måte kommer også Ånden oss til hjelp i vår svakhet. Vi vet ikke hva vi skal be for å be rett, men Ånden selv går i forbønn for oss med sukk uten ord. Og han som gransker hjertene, vet hva Ånden vil; for Ånden ber for de hellige etter Guds vilje."

Når vi synder vil den Hellige Ånden få oss til å angre gjennom mye dypere grynting enn det vi noen ganger kan forestille oss. Til de som har en svak tro, vil Han gi troen; til de som ikke har noe håp, vil Han gi håpet. Akkurat som mødre forsiktig tar vare på deres barn, gir Han oss hans stemme slik at vi ikke skal bli såret eller skadet på noen som helst måte. På denne måten lar Han oss bli kjent med Guds hjerte, han som elsker oss, og Han vil føre oss til himmelens kongerike.

Hvis vi forstår denne dype kjærligheten, kan vi ikke hjelpe for å elske Gud tilbake. Hvis vi elsker Gud med hele vårt hjerte, vil Han gi oss en stor og utrolig kjærlighet tilbake som vil overvelde oss. Han holdere oss friske, og Han vil velsigne alt slik at alt vil gå godt for oss. Han gjør dette fordi dette er loven fra det åndelige riket, men heller viktigere, det er fordi Han gjerne vil føle Hans kjærlighet gjennom de velsignelsene som vi får ifra Ham. "Jeg elsker de som elsker Meg; og de som iherdig søker etter Meg, vil finne Meg" (Salomos Ordspråk 8:17).

Hvilke følelser hadde du når du først møtte Gud og ble helbredet eller fikk løsninger til forskjellige problemer? Du måtte ha følt det som om Gud til og med elsket en synder som deg selv. Jeg tror også at du har måttet tilstått fra ditt hjerte, "Kunne vi fylle havet med blekk, og lage skyene av papir, og skrive om Guds kjærlighet ovenfor, for så å tappe ut alt vannet far havet til det tørket ut." Jeg tror også at du ble overveldet av Guds kjærlighet, Han som ga deg den evige Himmelen hvor det ikke finnes noen engstelser, ingen sorg, ingen sykdommer, ikke noe skille, og ikke noen død.

Vi hadde ikke elsket Gud ifra begynnelsen. Gud kom først til meg og strakte ut Hans hånd. Han elsket oss ikke fordi vi fortjente å bli elsket. Gud elsket oss så mye at han ga Hans eneste Sønn for oss som var syndere og som var på vei mot døden. Han elsket alle mennesker, og Han tar godt vare på oss med større kjærlighet enn noen som helst morskjærlighet som ikke kan glemme hennes ammende barn (Esaias 49:15). Hen venter på oss som om tusen år var akkurat det samme som en dag.

Guds kjærlighet er en virkelig kjærlighet som ikke endrer seg selv etter at det har gått lang tid. Når vi senere kommer til Himmelen, vil vår hake falle ned på gulvet når vi ser de vakre kronene, de skinnende og fine stoffene, og de himmelske husene som er bygget med gull og verdifulle edelsteiner, som Gud har forberedt for oss. Han gir oss belønninger og gaver selv mens vi lever her på jorden, og Han venter ivrig etter den dagen hvor Han kan være sammen med oss i Hans evige ære. La oss føle Hans store kjærlighet.

Kristus Kjærlighet

"...lev i kjærlighet, slik Kristus elsker oss og ga seg selv for oss som en offergave, en velluktende duft for Gud."

Efeserne 5:2

Kjærligheten har makten til å gjøre det umulige mulig. Guds kjærlighet og Herrens kjærlighet er helt spesielt og veldig utrolig. Den kan få udugelige mennesker som ikke effektivt kan gjøre noe, til å bli dugelige mennesker som kan gjøre alt. Når uutdannete fiskere, skattefuter – som på denne tiden ble sett på som syndere – de fattige, enker, og verdens forsømmede mennesker, møtte Herren, ble livene deres totalt endret. Deres fattigdom og sykdom forsvant, og de følte den virkelige kjærligheten som de aldri før hadde følt. De så på seg selv som uverdige, men de ble født på ny som Guds ærede instrumenter. Dette er kjærlighetens makt.

Jesus kom til denne jorden og ga opp all himmelsk ære

I begynnelsen var Gud selve Ordet og Ordet kom ned til denne jorden i en menneskelig kropp. Dette er Jesus, Guds eneste Sønn. Jesus kom ned til denne jorden for å redde de synde rammede menneskene som var på vei til døden. Navnet 'Jesus' betyr 'Han vil redde Hans folk fra deres synder' (Matteus 1:21).

Alle disse menneskene som var smusset med synder hadde ikke blitt annerledes enn dyr (Forkynneren 3:18). Jesus ble født i en dyrestall for å befri mennesker som hadde forlatt det de burde gjøre og som ikke lenger var annerledes enn dyr. Han ble lagt i en krybbe som vanligvis ble brukt til å mate dyrene, slik at Han kunne bli en sannferdig næring for slike mennesker. (Johannes 6:51). Dette var for at menneskene kunne finne igjen det tapte speilbilde av Gud og la dem få gjøre deres fulle forpliktelser.

Matteus 8:20 sier også, "Rever har huler og fugler i luften har fuglereir, men Menneskesønnen har ikke noe sted å legge sitt hode." Akkurat som det ble sagt hadde Han ikke noe sted å sove, så Han måtte holde seg i åkeren på kalde eller regnede netter. Han var uten mat og var ofte sulten. Det var ikke fordi Han ikke var dyktig. Dette var for å redde oss ifra fattigdommen. 2. Korinterne 8:9 sier, "Dere kjenner vår Herre Jesu Kristi nåde: Enda Han var rik, ble Han fattig for deres skyld, så dere skulle bli rike ved Hans fattigdom."

Jesus begynte Hans offisielle menighet gjennom et tegn hvor Han gjorde vann til vin ved bryllupsmiddagen i Kanaan. Han forkynte om Guds kongerike og utførte mange tegn og under i området Judea og Galilea. Mange spedalske ble helbredet, de lamme fikk spasere og hoppe igjen, og de som led av demonbesettelse ble satt fri fra mørkets makt. Selv en person som hadde vært død i fire dager og som hadde begynt å lukte dårlig, kom ut av graven levende (Johannes 11).

Jesus åpenbarte slike utrolige ting under Hans prestekall her på jorden for at menneskene skulle innse Guds kjærlighet. Og det og også bli et med den opprinnelige Gud og selve Ordet, holdt Han også fullstendig på Loven for å sette et godt eksempel for oss. Og også fordi Han holdt på Loven, fordømte Han heller ikke de som brøt Loven og som måtte bli drept. Han lærte bare menneskene om sannheten slik at bare en eneste sjel kunne angre og motta frelse.

Hvis Jesus hadde målt alle fullstendig ifølge Loven, hadde det ikke blitt noen som kunne motta frelse. Loven er Guds budskap som forteller oss hva vi kan gjøre og ikke gjøre, hva vi kan kaste bort, og hva vi kan beholde. Det er for eksempel budskap som, 'hold Sabbaten hellig; misunn ikke din nabos husholdning; lovpris dine foreldre; og bli kvitt all form for synd'. Det endelige målet til alle lovene er kjærligheten. Hvis du holder ved alle vedtektene, da kan du praktisere kjærligheten, i hvert fall utvendig.

Men hva Gud vil med oss er ikke bare at vi holder oss til Loven gjennom våre handlinger. Han vil også at vi skal praktisere loven fra vårt hjerte. Jesus kjente godt til Guds hjerte og fullførte Loven med kjærligheten. En av de beste eksemplene er tilfelle hvor kvinnen som ble tatt på fersk gjerning når hun begikk ekteskapsbrudd (Johannes 8). En dag brakte skribentene og fariseerne kvinnen som hadde blitt tatt for ekteskapsbrudd, satte henne i midten av menneskeflokken og spurte Jesus: "I Loven har Moses påbudt oss å steine slike kvinner. Men hva sier Du?" (Johannes 8:5)

De sa dette slik at de kunne finne grunner til å anklage Jesus. Hva tror du kvinnen følte på dette tidspunktet? Hun må ha vært så flau fordi hennes synd hadde blitt avslørt rett foran alle, og hun var sikkert også skjelvende av frykt fordi det var like før hun ville bli steinet i hjel. Hvis Jesus sa, "Stein henne," ville hennes liv bli over på grunn av alle steinene som ville bli kastet på henne.

Men Jesus ba dem ikke om å straffe henne ifølge Loven. Istedenfor bøyde Han seg ned til bakken og begynte å skrive noe ned med Hans fingre. Det var navn på syndene som alle folkene der hadde begått. Etter at Han hadde skrevet ned syndene deres, reiste Han seg opp og sa, "Han som blant dere ikke er syndig, la ham kaste den første steinen på henne" (v. 7). Så bøyde Han seg ned en gang til og begynte å skrive noe mer.

Denne gangen skrev Han ned syndene til hver person, akkurat som Han hadde sett dem, det vil si når, hvor, og hvordan hver av dem hadde utført deres synder. De som hadde en stikkende samvittighet forlot stedet en etter en. Til slutt var det bare Jesus og kvinnen igjen. De følgende versene 10 og 11 sier, "Da Jesus reiste seg opp, sa Han til henne, 'Kvinne, hvor er de? Var det ingen som fordømte deg?' Hun sa, 'Nei ingen, Herre.' Og Jesus sa, 'Jeg fordømmer deg heller ikke. Gå. Fra nå av må du aldri mer synde.'"

Visste kvinnen at straffen for ekteskapsbrudd var å bli drept ved steining? Selvfølgelig visste hun det. Hun kjente godt til Loven, men hun syndet allikevel fordi hun ikke hadde makt over sitt begjær. Hun ventet bare på å bli drept fordi hennes synder hadde blitt avslørt, og idet hun uventet erfarte Jesus tilgivelse, hvor dypt hadde hun ikke måttet blitt rørt! Så lenge hun husket på Jesus kjærlighet, ville hun ikke kunne synde igjen.

Siden Jesus gjennom Hans kjærlighet tilga kvinnen som hadde brutt Loven, er Loven ubrukelig så lenge vi elsker både Gud og våre naboer? Nei, det er den ikke. Jesus sa, "Tro ikke at Jeg kom for å oppheve Loven eller profetene; Jeg kom ikke hit for å oppheve noe, men for å utføre noe" (Matteus 5:17).

Vi kan praktisere Guds vilje mer perfekt fordi vi har Loven. Hvis noen bare sier at de elsker Gud, kan vi ikke måle hvor dyp og hvor stor hans kjærlighet er. Men målingen av hans kjærlighet kan bli sjekket fordi vi har Loven. Hvis vi virkelig elsker Gud med hele vårt hjerte, vil han helt sikkert holde seg til Loven. For det er ikke vanskelig for en slik person å holde seg til Loven. Det vil si til den grad han holder seg til Loven på en riktig måte, vil han motta Guds kjærlighet og velsignelser.

Men formalistene på Jesus tid var ikke interesserte i Loven som inneholdt Guds kjærlighet. De fokuserte ikke på å gjøre deres hjerte hellig, men bare med å holde på formalitetene. De følte seg tilfredsstilt og var til og med stolte av å utvendig holde seg til Loven. De trodde at de holdt seg til Loven, så de ville derfor både dømme og fordømme de som brøt Loven med det samme. Når Jesus forklarte om den sanne meningen som lå inne i Loven og lærte dem om Guds hjerte, da sa de at Jesus tok feil og at Han var besatt av demoner.

Siden fariseerne ikke hadde noen kjærlighet, ville det ikke lønne sjelen deres i det hele tatt hvis de holdt seg til Loven (1. Korinterne 13:1-3). De kastet ikke vekk ondskapen fra deres hjerte, men bare fordømte og dømte andre, og derved satte de en avstand mellom seg selv og Gud. De begikk til slutt den største synden som ikke kunne bli omgjort, og det var å korsfeste Guds Sønn.

Jesus Fullførte Forsynet av Korset gjennom Lydigheten Helt til Døden

Mot slutten av den tre år lange prestetjenesten, dro Jesus opp til Oljeberget like før Hans lidelse begynte. Jo senere på natten det ble, jo mer iherdig ba Jesus idet Han skulle møte korsfestelsen. Hans bønn var et rop om hjelp slik at Han kunne redde alle sjelene med Hans fullstendige uskyldige blod. Det var en bønn om å spørre etter makten om å overvinne lidelsen ifra korset. Han hadde bedt iherdig; og Hans svette ble til bloddråper, som falt på bakken (Lukas 22:42-44).

Jesus ble tatt denne natten av soldater og tatt ifra sted til sted for avhør. Han fikk til slutt dødsstraffen i retten til Pilatus. De romerske soldatene satte torner på Hans hode, spyttet på Ham, og slo Ham før de førte Ham til korsfestelsesstedet (Matteus 27:28-31).

Hans kropp ble dekket med blod. Han ble hånet og pisket hele natten, og med denne kroppen gikk Han opp Golgata mens Han bar på tre korset. En stor folkemengde fulgte etter Ham. De hadde før hilst på Ham og ropt "Hosianna", men de hadde nå blitt til en gjeng som skrek, "Korsfest Ham!" Jesus ansikt var dekket av så mye blod at Han var ugjenkjennelig. All Hans styrke hadde blitt borte på grunn av smertene som Han fikk ifra tortureringen, og hvert eneste steg var til og med vanskelig for Ham.

Etter at han hadde kommet til Golgata, ble Jesus korsfestet for at vi kunne bli reddet for våre synder. For å redde oss, vi som var under Lovens forbannelse som sier at belønningen av synder er døden, ble Han hengt på et tre kors og mistet alt Hans blod. Han tilga våre synder som vi gjorde gjennom våre tanker ved å ha kronen på Hans hode. Han ble spikret gjennom hendene og føttene for å tilgi syndene som vi fullførte med våre hender og føtter.

De dumme menneskene som ikke kjente til dette faktum, hånte og gjorde narr av Jesus som ble hengt på korset (Lukas 23:35-37). Men selv i Hans forferdelige smerter, ba Jesus om tilgivelse for de som korsfestet Ham akkurat som det stod i Lukas 23:34, "Far, tilgi dem; for de vet ikke hva de gjør."

Korsfestelse er en av de mest grusomme metodene for henrettelse. Den som blir straffet må lide av smerter mye lenger enn noen annen from for straff. Hendene og føttene blir spikret gjennom, og kjøttet blir revet i stykker. Det oppstår forferdelig uttørking og svakheter i blodsirkulasjonen. Dette vil forårsake en sakte svekkelse av de indre organenes funksjoner. Den som blir henrettet må også lide av smertene som kommer ifra insektene som kommer til ham på grunn av lukten av blodet.

Hva tror du Jesus tenkte på mens Han hang på korset? Det var ikke den forferdelige smerten i kroppen Hans. Men Han tenkte istedenfor på hvorfor Gud skapte menneskene, meningen med å kultivere menneskene her på jorden, og grunnen til at han måtte ofre seg selv som forsoningen for menneskenes synder, og han ofret hjerteskjærende bønner med takknemlighet.

Etter at Jesus hadde lidd i seks timer på korset, sa Han, "Jeg er tørst" (Johannes 19:28). Dette var en åndelig tørste, som er tørsten for å vinne sjelene som er på vei til døden. Han tenkte på de mangfoldige sjelene som vil leve her på jorden i fremtiden, så han ba oss om å levere korsets budskap og redde sjelene.

Jesus sa til slutt, "Det er ferdig!" (Johannes 19:30) og tok så Hans siste åndedrag etter at Han hadde sagt, "Fader, Jeg gir Deg min ånd" (Lukas 23:46). Han ga sin ånd til Gud for Han hadde fullført Hans forpliktelse om å åpne veien til frelse for alle mennesker ved å ofre seg selv. Dette var øyeblikket hvor den største kjærligheten ble fullført.

Siden dette, har synden mellom Gud og oss blitt revet ned, og vi har kunnet kommunisere direkte med Gud. Før dette måtte øverstepresten ofre ofringen for tilgivelse av synder på menneskes vegne, men dette er ikke lenger nødvendig. Alle som tror på Jesus Kristus kan komme inn til Guds hellige rom og tilbe Gud direkte.

Jesus Forbereder de Himmelske Oppholdsstedene gjennom Hans Kjærlighet

Før Han ble hengt på korset, fortalte Jesus Hans disipler om tingene som skulle skje. Han fortalte dem at Ham måtte bli hengt på korset for å fullføre forsynet av Gud Faderen, men disiplene var fremdeles engstelige. Så Han forklarte dem om de himmelske oppholdsstedene for å trøste dem.

Johannes 14:1-3 sier, "Engst dere ikke; tro på Gud, og tro også på Meg. Det finnes mange oppholdssteder i Min Fars hus; hvis dette ikke stemte, da ville Jeg ha fortalt dere; for Jeg drar for å forberede en plass til dere. Hvis Jeg drar for å forberede en plass for dere, da vil Jeg selv komme tilbake for å hente dere, slik at der Jeg er, vil også dere kunne være." Realistisk sett overvant Han døden og oppstandelsen, og for opp til Himmelen like foran mange mennesker. Dette var for at Han kunne forberede de himmelske oppholdsstedene for oss. Så hva betyr det 'Jeg går for å forberede et sted for dere'?

1. Johannes 2:2 sier, "...Han er en soning for våre synder; og ikke bare for våre, men også for alle i verden." Akkurat som det står betyr dette at alle kan komme til Himmelen gjennom troen, for Jesus har ødelagt veggen med synder mellom Gud og oss.

Jesus sa også, "I Mitt Fars hus finnes det mange oppholdssteder," og dette forteller oss at Han vil at alle skal bli reddet. Han sa ikke at det fantes mange oppholdssteder i 'Himmelen' men 'I Min Fars hus', for vi kan kalle Gud, 'Abba, Far' gjennom Jesus dyrebare blod.

Herren vil fremdeles uavbrutt gå i forbønn for oss. Han vil be iherdig foran Guds trone uten å hverken spise eller drikke (Matteus 26:29). Han ber slik at vi vil vinne seieren i den menneskelige kultivasjonen her på jorden og avsløre Guds ære ved å få vår sjel til å utvikle seg.

Og når også den Store Hvite Tronedagen kommer etter at menneskenes kultivasjon er over, vil Han fremdeles arbeide for oss. Ved rettens dommedag alle vil bli dømt uten noe som helst feil, for alt det de har gjort. Men Herren vil være forsvareren for Guds barn og bønnfalle, "Jeg vasket deres synder med Mitt Blod," slik at de kan få et bedre oppholdssted og belønninger i Himmelen. Siden Han kom ned til denne jorden og selv erfarte alt det som mennesker går igjennom, vil Han prate for menneskene som deres forsvarer. Hvordan kan vi fullstendig forstå denne kjærligheten til Kristus?

Gud viste oss Hans kjærlighet gjennom Hans eneste Sønn, Jesus Kristus. Dette er kjærligheten hvor Jesus ikke engang sparte på Hans siste blod dråpe bare for oss. Dette er en uforbeholden og konstant kjærlighet som han ville tilgi sytti ganger sju ganger. Hvem kan separere oss ifra denne kjærligheten?

I Romerne 8:38-39, proklamerte apostelen Paulus, "For Jeg er viss på at verken død eller liv, verken engler eller krefter, verken det som nå er, eller det som kommer, eller noen makt, verken det som er i det høye eller i det dype, eller noen annen skapning, skal kunne skille oss fra Guds kjærlighet i Kristus Jesus, vår Herre."

Apostelen Paulus innså kjærligheten til Gud og Kristus, og han oppga sitt liv fullstendig for å adlyde Guds vilje og for å leve som en apostel. Dessuten sparte Han ikke livet sitt for å kunne forkynne til hedningene. Han praktiserte Guds kjærlighet som ledet mangfoldige sjeler imot frelse.

Kristus Kjærlighet

Selv om han ble kalt 'hovedmannen av sekten Nasareer', dedikerte Paulus hele hans liv til prestetjenesten. Han spredde Guds kjærlighet til hele verden og Herrens kjærlighet som er dypere og større enn noen annen måling. Jeg ber i Herrens navn at du vil bli Guds sannferdige barn som vil fullføre Loven med kjærlighet og alltid vil leve i det vakreste himmelske oppholdsstedet det Nye Jerusalem, og dele Guds og Kristus kjærlighet sammen.

Forfatteren:
Dr. Jaerock Lee

Dr. Jaerock Lee var født i Muan, Jeonnam Province, den Koreanske Republikken, i 1943. Da han var i tjueårene, led Dr. Lee av forskjellige uhelbredelige sykdommer i sju år og ventet på døden uten noen som helst håp om helbredelse. Men en dag på våren i 1974 ble han ført til en kirke av hans søster, og når han knelte ned for å be, helbredet den levende Gud ham av alle hans sykdommer med det samme.

Fra dette øyeblikket hvor han møtte den levende Gud gjennom denne vidunderlige erfaringen, har Dr. Lee elsket Gud med hele sitt hjerte, og i 1978 ble han tilkalt for å tjene Gud. Han ba iherdig gjennom mangfoldige bønner slik at han klart og tydelig kunne forstå Guds vilje, fullstendig fullføre den og adlyde Guds Ord. I 1982 startet han Manmin Sentral Kirken i Seoul, Korea, og Guds mangfoldige under, inkludert mirakuløse helbredelser, tegn og under, har helt siden da av funnet sted i denne kirken.

I 1986, ble Dr. Lee presteviet ved Jesus Årlige Forsamling i Sungkyul Kirken i Korea, og fire år senere i 1990, begynte de å kringkaste hans gudstjeneste i Australia, Russland, og i Filippinene. Innen kort tid nådde de mange flere land gjennom den Fjerne Østens Kringkastingsfirma, Asias Kringkastingsstasjon, og Washingtons Kristelige Radio System.

Tre år senere, i 1993, ble Manmin Kirken valgt som en av "Verdens Topp 50 Kirker" av Christian World magasinet (US) og han mottok en Æres Doktorgrad for Guddommelighet fra Christian Faith College, Florida, USA, og i 1996 mottok han hans doktorgrad i prestetjeneste fra Kingsway Theological Seminary, Iowa, USA.

Siden 1993, har Dr. Lee stått i spissen for verdens forkynnelse gjennom mange utenlandske kampanjer i Tanzania, Argentina, L.A., Baltimore, Hawaii, og byen New York i Amerika, Uganda, Japan, Pakistan, Kenya, Filippinene, Honduras, India, Russland, Tyskland, Peru, den Demokratiske Republikk i Kongo, Israel og Estonia.

I 2002 ble han anerkjent som en av "verdens oppvekkelses predikanter" for hans mektige menighet i forskjellige utenlandske kampanjer av store Kristelige aviser i

Korea. Veldig spesiell ble hans 'New York kampanje 2006', som ble holdt i Madison Square Garden, den mest berømte plassen i verden. Begivenheten ble kringkastet til 220 nasjoner, og i hans 'Israelske Samlede Kampanje 2009', som ble holdt i det Internasjonale Konferanse Senteret i Jerusalem, forkynte han modig at Jesus Kristus er Messias og Frelseren.

Hans gudstjeneste blir kringkastet til 176 land via satellitter inkludert GCN TV, og han ble skrevet opp som en av de 'Topp 10 Mest Innflytelsesrike Kristne Ledere i 2009 og 2010 av det populære Russiske Kristne magasinet In Victory og nyhetsfirmaet Christian Telegraph for hans mektige TV kringkastings gudstjeneste og utenlandske kirkelige prestegudstjeneste

Fra og med juli 2015, har Manmin Kirken en menighet på mer enn 120,000 medlemmer. Det finnes 10,000 søster kirker verden rundt medregnet 56 innenlandske søster kirker, og hittil har mer enn 125 misjonærer blitt sendt til 23 land, iberegnet Amerika, Russland, Tyskland, Canada, Frankrike, India, Kenya, og mange flere land.

Fra og med dagen da denne boken ble utgitt, har Dr. Lee skrevet 87 bøker, iberegnet bestselgere som Å Smake På Det Evige Livet Før Døden, Mitt Liv Min Tro I & II, Korsets Budskap, Troens Målestokk, Himmelen I & II, Helvete, Våkn Opp, Israel!, og Guds Makt. Hans arbeide har blitt oversatt til mer enn 75 språk.

Hans Kristelige spalte kan sees på The Hankook Ilbo, The JoongAng Daily, The Chosun Ilbo, The Dong-A Ilbo, The Munhwa Ilbo, The Seoul Shinmun, The Kyunghyang Shinmun, The Korea Economic Daily, The Korea Herald, The Shisa News, og The Christian Press.

Dr. Lee er for tiden lederen av mange misjons organisasjoner og foreninger. Stillinger inkluderer: Formann, The United Holiness Church of Jesus Christ; President, Manmin World Mission; Bestående President, The World Christianity Revival Mission Association; Grunnlegger & Styre Formann, Global Christian Network (GCN); Grunnlegger & Styre Formann, World Christian Doctors Network (WCDN); og Grunnlegger & Styre Formann, Manmin International Seminary (MIS).

Himmelen I & II

Et detaljert utdrag av de forferdelig flotte omgivelsene som de himmelske innbyggerne nyter og vakker beskrivelse om forskjellige nivåer av de himmelske kongerikene.

Korsets Budskap

Et mektig og oppvekkende budskap for alle menneskene som sover åndelig! I denne boken vil du finne grunnen til at Jesus er den eneste Frelseren og Guds virkelige kjærlighet.

Helvete

Et oppriktig budskap til alle mennesker ifra Gud, som ikke ønsker at en eneste sjel skal falle inn i dypet av helvete! Du vil oppleve en beretning som aldri før har blitt avslørt om den grusomme virkeligheten til det Lavere Dødsrike og helvete.

Å Smake På det Evige Livet Før Døden

En attesterende biografi av Dr. Jaerock Lee, som ble nyfrelst og reddet fra dødens skygge, og som har levet et perfekt og eksemplarisk kristelig liv.

Mitt Liv, Min Tro I & II

Den vakreste åndelige duften fra livet som blomstret sammen med en uforlignelig kjærlighet for Gud, midt i de mørke bølgene, kalde åkene og de dypeste fortvilelsene